U0590742

"浙江方言资源典藏"丛书组委会

主　　任：成岳冲

执行主任：陈根芳　　韩　平

成　　员：王振斌　　王建华　　袁亚春

"浙江方言资源典藏"丛书编委会

主　　任：李　斌

主　　编：王洪钟　黄晓东　叶　晗　孙宜志

委　　员：（按姓氏拼音排序）

　　　　　蔡　嵘　丁　薇　黄晓东　雷艳萍　刘力坚

　　　　　施　俊　孙宜志　王洪钟　王文胜　肖　萍

　　　　　徐　波　徐丽丽　徐　越　叶　晗　张　薇

　　　　　赵翠阳

中国语言资源
保护工程

本书由浙江省财政资助出版

浦江

浙江方言资源典藏

黄晓东　著

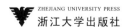

ZHEJIANG UNIVERSITY PRESS

浙江大学出版社

浦江县仙华山之图一,2014 年,黄晓东摄

浦江县仙华山之图二,2016 年,黄晓东摄

浦江县塔山公园,2016 年,黄晓东摄

浦江县龙德寺塔,2016 年,黄晓东摄

浦江县城老街,2018 年,张薇摄

婺剧爱好者之图一,2016 年,黄晓东摄

婺剧爱好者之图二，2016 年，黄晓东摄

书法之图一，2014 年，黄晓东摄

书法之图二,2014 年,黄晓东摄

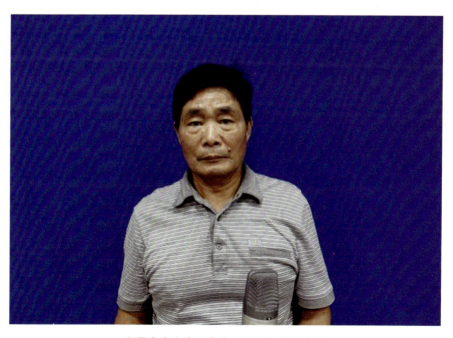

老男发音人应平先生,2016 年,黄晓东摄

老女发音人张灵仙女士,2016 年,黄晓东摄

青男发音人洪建松先生,2016 年,黄晓东摄

青女发音人张婷婷女士,2016 年,黄晓东摄

口头文化发音人楼桂元女士,2016 年,黄晓东摄

纸笔记录现场,2016 年,张薇摄

口头文化摄录现场,2016 年,黄晓东摄

序

　　浙江省的方言资源具有丰富性、濒危性和未开发性的特点,急需开展大规模的全面深入的调查研究。几十年来,浙江省方言研究人才辈出,然而很多专家都在省外工作。浙江方言的调查研究一直缺乏总体规划和集体行动,故而除了一些个人自发的研究以外,很少有成系列的调查报告和研究成果,与一些兄弟省(区、市)相比,反而远远落在了后面,这不能不说是一件十分遗憾的事。

　　近年来,随着语保工程的深入开展,浙江方言调查迎来了一个高潮。在浙江省教育厅、浙江省语言文字工作委员会办公室统一有力的领导下,在全省方言专业工作者的共同努力下,浙江省的语保工作开展得有声有色,成绩斐然,很多方面都走在了全国的前列。如省财政的配套支持、《浙江语保》杂志的出版、"浙江乡音"平台的建设、人才队伍的(汇聚)整合等方面,在全国来看都是具有创新性或领先性的。仅拿人才队伍来说,经过这几年的持续培养锻炼,一大批年轻的方言工作者迅速成长。2018 年年底,浙江省语言学会方言研究会成立时,会员人数已达到 60 多人,可以说目前是浙江省历史上方言研究力量最为强盛的时期。

　　这次"浙江方言资源典藏"丛书的编写出版,就是浙江省语保工程成果的一次大展示。全省 88 个方言调查点,一点一本,每本包含概况、语音、词汇、语法、话语、口头文化,体系已相当完备,同时还配有许多生动的图片和高质量的音像语料,显示出该丛书与时俱进的一面。尽管篇幅还稍显单薄,话语材料也没有全部转写成音标,但各个方言调查点(其中包括许多从未报道过的方言调查点)的基本面貌已经呈现出来了,这对于今后更加详细深入的研究来说,无疑奠定了一个很好的基础。特别值得一提的是,"浙江方言资源典藏"丛书是全国首个以省为单位编写出版的语言资源成果。

我最近提出了浙江方言工作的四大任务:队伍建设、调查研究、保护传承、开发应用。这四个方面有的处于起步阶段,有的尚处于基本空白的状态,可谓任重道远。方言及其文化的濒危和快速消亡无疑是令人痛心的,而这也是时代给我们方言工作者提出的一项不可推卸的课题。从调查研究的角度,可以说我们赶上了一个大有作为的历史机遇。只要抓住机遇,脚踏实地去干,我们一定能够共同书写出一部浙江方言文化的鸿篇巨制,为后人留下一笔丰厚的非物质文化遗产。在此,我也预祝浙江省的方言工作者能够继续推出更多更好的研究成果。

是为序。

中国语言资源保护研究中心主任　曹志耘

2018 年 12 月

前　言

"浙江方言资源典藏"丛书是"中国语言资源保护工程·浙江汉语方言调查"项目的成果汇编,是集体工作的结晶。

一、项目目标

"中国语言资源保护工程"是教育部、国家语言文字工作委员会2015年启动的以语言资源调查、保存、展示和开发利用等为核心的国家工程。首席专家为中国语言资源保护研究中心主任曹志耘教授。"中国语言资源保护工程·浙江汉语方言调查"项目负责人为浙江省教育厅语管处副处长、省语委办副主任李斌。"中国语言资源保护工程·浙江汉语方言调查"项目设77个方言调查点,浙江省在此基础上另增了11个方言调查点。本项目有如下目标:(1)记录以市、县(市、区)为代表点的方言;(2)以音像手段保存各地的方言。本项目设置的调查点覆盖了浙江的主要方言:吴方言、闽方言、徽方言和畲话。历史上对浙江汉语方言进行比较全面的调查,主要有两次:一次是1964—1966年的调查,调查的成果后来结集成《浙江省语言志》(上、下);另一次是2002—2005年的调查,后来出版了《汉语方言地图集》,但是语料并未出版。这次是第三次,与前两次相比,这次调查不仅利用了音像等现代化手段,而且覆盖面更广,每个市、县(市、区)用统一的调查材料至少调查一个地点;调查材料更加详尽细致,包括语音、词汇、语法、话语、口头文化等方面。

二、编纂缘起

在中国语言资源保护研究中心和浙江省语言文字工作委员会的领导和推动下,"中国语言资源保护工程·浙江汉语方言调查"项目进展顺利。浙江语言资源保护工程团队一致认为,调查成果对一般读者来说有一定的可读性,对语言学界来说具有重要的学术价值。在征得中国语言资源保护研究中心的同意后,项目负责人李斌开始积极推动和筹划出版"浙江方言资源典藏"丛书,并得到了浙江语言资源保护工程团队各位专家的热烈响应。叶晗教授积极联系出版社,最终确定由浙江大学出版社出版。

三、语料来源

"浙江方言资源典藏"丛书所有语料均来自浙江语言资源保护工程团队的实地调查,调查手册为《中国语言资源调查手册·汉语方言》(商务印书馆 2015 年 7 月第 1 版),调查内容包括方言的概况、语音、词汇、语法、话语、口头文化,以及地方普通话。考虑到地方普通话语料的特殊性,本丛书未予以收录。我们除了将浙江语言资源保护工程团队所调查的材料进行进一步核对之外,还补充了一些材料。语音部分调查了老年男性(正文中简称为"老男")以及青年男性(正文中简称为"青男")的音系和 1000 个单字音;词汇部分以老年男性为发音人,调查了 1200 个词语;语法部分以老年男性为发音人,调查了 50 个语法例句;话语部分分别调查了老年男性、老年女性(正文中简称为"老女")、青年男性、青年女性(正文中简称为"青女")各 20 分钟的话题讲述,以及上述发音人之间的 20 分钟的对话;口头文化部分调查了摄录时间不少于 20 分钟的规定故事、其他故事、歌谣和自选条目。

四、丛书体例

1.音系。按照方言学界惯例排列,声母按发音部位分行,按发音方法分列。韵母按四呼分列,按韵尾分行,同类型的韵母按主要元音开口度的大小分行。声调标调值。例字的白读音使用单下划线,文读音使用双下划线。零声母符号[∅]除用于音系外,实际标音一律省略;调值及送气符号"ʰ"须上标。

2.单字。按"果、假、遇、蟹、止、效、流、咸、深、山、臻、宕、江、曾、梗、通"十六摄排序,同摄先分开合口,再分一二三四等,摄、呼、等、韵相同再按"帮(非)、滂(敷)、並(奉)、明(微);端、透、定、泥(娘)、来,精、清、从、心、邪;知、彻、澄,庄、初、崇、生,章、昌、船、书、禅,日;见、溪、群、疑,晓、匣,影、云、以"三十六字母排序,摄、呼、等、韵、声相同再按中古"平、上、去、入"四声排序。

有文白异读则白读在前,文读在后,分别在音标后加注小字"白、文";自由变读在音标后注小字"又";口语不用,只用于书面语的注小字"读字"。

3.词汇。词条按意义范畴分类,按实际发音注音。连读调只记实际调值,不标单字调。儿化、小称音只记实际读音,不标出本音。其他音变也只记实际读音,不标本音。

用字一般使用现行规范字,有本字可用者一律使用本字,本字不明者用方言同音字,同时在该字右上角用上标"⁼"标明。既无本字又无同音字的用方框"□"表示。一律不使用训读字,尽量不使用俗字。合音字尽量使用已有现成字形的字,例如"甮、覅、剉"等;如方言无现成字形的合音字,用原形加"[　]"表示。"並、睏、煠、隑、盪"等异体字或繁体字是音韵学、方言学中具有特殊含义的专用字,本丛书予以保留。

　　一个词条有多种说法时,按常用度由高到低排序,用单竖线"|"间隔;各种说法的性质不同时,音标后加注小字"旧、新、儿、多、少、土、雅"等;一个词条无对应说法时,注明"(无)"。

　　4.语法、话语、口头文化一律只记实际读音;方言转写使用楷体字,普通话译文使用宋体字。

　　5.单字、词汇、语法例句及其释例基本依据《中国语言资源调查手册·汉语方言》。

　　本丛书使用国际音标标音,各种音标符号形体繁复,浙江大学出版社的编辑团队克服困难,精心编校,尽心尽力,是特别需要表示感谢的。

目　录

第一章　概　况

一、地理位置

　　浦江县隶属浙江省金华市,位于浙江中部,金华市北部,东经119°42′~120°07′,北纬 29°21′~29°41′。东北邻诸暨市,东南接义乌市,西南与兰溪市毗连,西北和建德市、桐庐县接壤,距金华城区46 千米。全县面积 920 平方千米,辖 7 镇 5 乡 3 街道,分别是:黄宅镇、岩头镇、郑宅镇、檀溪镇、杭坪镇、白马镇、郑家坞镇,虞宅乡、大畈乡、中余乡、前吴乡、花桥乡,浦阳街道、浦南街道、仙华街道。截至 2016 年年底,全县户籍人口 39.92 万,常住人口 41.82 万。[①]

二、历史沿革[②]

　　浦江建县于东汉兴平二年(195 年),古称丰安。唐天宝十三年(754 年)析义乌、兰溪、富阳地置浦阳县,以境内浦阳江得名,属江

　　①　引自《浦江统计年鉴 2016》,http://www.pj.gov.cn/zwgk/tjsj/201710/t20171031_2274974.html。本小节部分内容引自《浦江县志》(1990)。
　　②　本小节部分内容引自《浦江县志》(1990)。

南东道东阳郡,县治在今浦江县城所在地。五代吴越天宝三年(910年)改浦阳为浦江,一直沿用至今。

1949 年中华人民共和国成立,浦江隶属浙江省金华专区(初称第八专区)。1960 年 1 月撤销浦江县建制并入义乌县。1966 年 12 月国务院批准恢复浦江县,并入义乌县的原行政区域复归浦江,属金华地区。1985 年 6 月金华地区改市,属金华市。

浦江历史悠久,人文荟萃,素有"文化之邦""书画之乡"之称。宋元明清四代,方凤、柳贯、吴莱、宋濂、戴良、倪仁吉、蒋兴俦、戴殿泗等皆以诗文书法驰名文史。起源于清代的浦江竹根雕,与东阳木雕、青田石雕并称"浙江三雕";麦秆剪贴画、剪纸、迎会、灯会,各呈异彩;"浦江乱弹"为婺剧主要声腔,流行于浙、赣、皖数省。

三、方言概况

浦江境内的方言主要为浦江话,属吴语金衢片。与诸暨、兰溪两市交界的部分村庄分别说诸暨话和兰溪话。此外,北部山区分布有方言岛,当地人称为"南京话",据笔者初步调查,其性质可能是以赣语为基础、融合了吴语等其他方言特点的混合方言。

四、发音人简介

姓名	性别	出生年月	文化程度	职业	出生地
应　平	男	1955 年 10 月	小学	农民、工人	浦阳镇
张灵仙	女	1956 年 10 月	初中	工人	浦阳镇
洪建松	男	1980 年 10 月	高中	个体户	浦阳镇

续表

姓名	性别	出生年月	文化程度	职业	出生地
张婷婷	女	1980 年 8 月	大专	教师	浦阳镇
楼桂元	女	1956 年 11 月	小学	农民	浦阳镇
方鼎晟	男	1935 年 11 月	高中	教师	七里乡

五、常用方言词

尔　　　　n^{53}　　　　代词，你。

渠　　　　$\textz i^{232}$　　　　代词，他。

我嘚　　　$\alpha^{55}t\varepsilon^{0}$　　　代词，我们。

尔嘚　　　$n^{55}t\varepsilon^{0}$　　　代词，你们。

渠嘚　　　$\textz i^{24}t\varepsilon^{334}$　　　代词，他们。

吉=个　　$t\varepsilon i\vartheta^{33}k\alpha^{55}$　　代词，这个。

墨=个　　$m\vartheta^{11}k\alpha^{53}$　　代词，那个。

吉=里　　$t\varepsilon i\vartheta^{33}li^{334}$　　代词，这里。

墨=里　　$m\vartheta^{24}li^{0}$　　　代词，那里。

袋=　　　da^{24}　　　　代词，这么。

袋=儿　　dan^{24}　　　代词，这样。

咯=力=　$g\vartheta^{11}l\varepsilon^{243}$　　代词，什么。

危险　　　$u\varepsilon^{11}\varepsilon i\tilde{e}^{53}$　　副词，非常。

意=　　　i^{55}　　　　副词，又。

无没　　　$m^{11}m\vartheta^{24}$　　①动词，没有。②副词，未。

弗　　　　fə⁴²³　　　　副词，不。

勿　　　　fɛ⁵⁵　　　　副词，别。

木⁼　　　　mɯ⁵⁵　　　　①连词，和。②介词，向，往。

慌⁼　　　　xõ⁵⁵　　　　连词，和。

粥⁼儿⁼　　tɕyɯ³³n⁵⁵　　名词，现在。

第二章　语　音

一、音　系

(一)老男音系

1.声母(32个,包括零声母在内)

p 八兵	pʰ 派片	b 爬病肥	m 麦明	f 飞风副蜂	v 肥饭味
t 多东	tʰ 讨天	d 甜毒	n 南打		l 脑老连路
ts 资早酒刺张量争装	tsʰ 刺草清抽拆初	dz 杂直城		s 丝三酸山	z 字贼坐全城
tʃ 猪纸	tʃʰ 溪气	dʒ 池骑		ʃ 西戏	
tɕ 竹装主九	tɕʰ 抄春轻	dʑ 茶柱共权	ȵ 年泥热软月	ɕ 想双手书响	ʑ 谢床船顺
k 高根	kʰ 开快	g 厚共	ŋ 熬硬	x 好灰	
∅ 安县温王云					

说明：

(1)[tʃ]组声母只拼[i]韵,实际读音接近[ts]组。

(2)[tɕ][tɕʰ][dʑ]声母拼[iẽ][yẽ]韵时,近标准的舌面前塞擦音;拼其他韵时擦音成分较弱,接近舌面前塞音[ȶ][ȶʰ][ȡ]。

(3)[x]声母发音部位略后。

(4)阳调类的零声元音节前面,带有轻微的与音节开头元音同部位的摩擦成分。

2.韵母(45个,包括自成音节的[m][n])

ɿ 师丝	i 猪米试戏飞桥接热	u 布苦	y 雨鬼
			yi 月血
ɑ 排鞋法白	iɑ 牙瓦鸭	uɑ 快塔辣活刮	yɑ 茶杀
a 开赔对	ia 写贴八节	ua 灰块	
ε 直尺		uε 亏危	
o 宝饱托郭壳学			yo 药学
ɤ 豆走	iɤ 九油		
ə 十七北色	iə 急一锡	uə 骨国	yə 出橘
ɯ 歌坐笑六绿			yɯ 靴局
ã 山饭	iã 年烟	uã 官关	
	iẽ 连盐		yẽ 权圆
ə̃ 南半短寸			
ɜ̃ 硬争		uɜ̃ 横	
õ 糖王讲			yõ 响床双
an 棒贪	ian 战延	uan 顽完	
ən 心深根新灯东	iən 心升病星	uən 滚婚	yən 春云
on 公红			yon 兄用
m 无午			
n 五二			

说明：

(1)[u][y]二韵唇形较展。[u]韵与零声母之外的声母相拼时，双唇有时会颤。

(2)[ɑ][iɑ][uɑ][yɑ]四韵中的[ɑ]舌位略高，唇形略圆，接近[ɒ]。

(3)[a][ua]二韵中的[a]舌位略后。

(4)[ɤ][iɤ]二韵中的[ɤ]舌位略前略低，介于[ɤ]与[ə]之间；[ɤ]韵实际音值为[ᵊɤ]。

(5)[ɯ][yɯ]二韵中的[ɯ]舌位较前较低，而且常带有圆唇色彩，其中[yɯ]韵中的[ɯ]圆唇色彩更加明显。

(6)[ɑ̃][iɑ̃][uɑ̃]三韵里的[ɑ]鼻化色彩很弱。

(7)[ə̃]韵里的[ə]舌位较高，有时带有圆唇色彩，实际音值与本音系[ɯ][yɯ]二韵中的[ɯ]基本相同。

(8)[n]尾韵常常接近[l]尾韵。

3. 声调(8 个)

阴平	534	东该灯风通开天春
阳平	113	门龙牛油铜皮糖红
阴上	53	懂古鬼九统苦讨草
阳上	243	马买老有动罪近后
阴去	55	冻怪半四痛快寸去百
阳去	24	卖路硬乱洞地饭树
阴入	423	谷搭节急哭拍塔切刻
阳入	232	六麦叶月毒白实罚五

说明：

(1)阳平[113]开始略降，但降得不到一度。

（2）阴入［423］为长调。

（3）阳入［232］为长调，末尾略升，实际读音近［2323］。

4.两字组连读变调规律

浦江方言两字组的连调规律见下表。表中各栏的上一行是单字调，下一行是连读调，空白处表示连读调与单字调同。

浦江方言两字组连读变调表

前字 ＼ 后字	阴平 534	阳平 113	阴上 53	阳上 243	阴去 55	阳去 24	阴入 423	阳入 232
阴平 534	534 534 55　334 东　风	534 113 55　334 清　明	534　53 33 天　井	534 243 33 招　待	534　55 55　334 车　票	534　24 55　334 军　队	534 423 33 东　北	534 232 33　334 生　日
	534 534 33　334 开　车	534 113 33　334 开　门			534　55 33 开　店	534　24 33 生　病		
阳平 113	113 534 24　334 农　村	113 113 24　334 农　民	113　53 11 牙　齿	113 243 11 徒　弟	113　55 24　334 棉　裤	113　24 24 长　寿	113 423 24 头　发	113 232 33　334 茶　叶
	113 534 11　334 爬　山	113 113 33　334 前　年			113　55 11 难　过	113　24 11 排　队		
阴上 53	53　534 33 火　车	53　113 55　55 草　鞋	53　53 33 手　表	53　243 33 水　稻	53　55 55 水　库	53　24 55　0 写　字	53　423 33　53 赌　博	53　232 33　243 死　活
		53　113 33　243 倒　霉			53　55 55　0 写　信			
阳上 243	243 534 11　53 坐　车	243 113 11　24 象　棋	243　53 11 老　虎	243 243 11 道　理	243　55 24　0 受　气	243　24 11 午　饭	243 423 11　53 满　足	243 232 11　243 老　实
		243 113 11　243 坐　船	243　53 24　0 老　板			243　24 24　0 近　路		

续表

前字＼后字	阴平 534	阳平 113	阴上 53	阳上 243	阴去 55	阳去 24	阴入 423	阳入 232
阴去 55	55 534 33 334 汽 车	55 113 33 334 酱 油	55 53 33 放 火	55 243 33 送 礼	55 55 33 种 菜	55 24 33 过 夜	55 423 33 正 式	55 232 33 334 做 贼 55 232 55 四 月
阳去 24	24 534 11 53 地 方	24 113 11 243 大 门	24 53 11 大 腿	24 243 11 大 雨	24 55 24 0 路 费	24 24 0 寿 命 24 24 大 路	24 423 11 53 外 国	24 232 11 243 树 叶
阴入 423	423 534 33 334 国 家	423 113 33 334 骨 头	423 53 33 发 火	423 243 33 谷 雨	423 55 55 节 气 423 55 55 0 织 布 423 55 33 出 去	423 24 55 55 铁 路 423 24 33 决 定	423 423 33 53 出 血	423 232 33 243 作 业
阳入 232	232 534 24 334 读 书	232 113 24 334 石 头	232 53 11 石 板	232 243 11 十 五	232 55 11 力 气 232 55 24 0 服 气	232 24 11 立 夏 232 24 24 0 服 务	232 423 11 53 蜡 烛	232 232 11 243 十 六

说明：

（1）表中的变调[334]有如下几种情况：

①本调为阴平时，实际读音为[434]。

②本调为阳平时，又分两种情况：前字若为阴平字，实际读音接

近[113];前字若为其他调类字,实际读音多为[334],有时作[434]。

③本调为阴去时,实际读音接近[33]。

④本调为阳去或阳入时,实际读音多为[334],有时作[434]。

(2)浦江话两字组的语音变调有以下几个特点:

①变调现象比较复杂,前后字都会变调,以前字变调为主。前字为阴去和阳去调时才可能不变调;后字为阴上、阳上调时基本不变调。

②前字的曲折调都变为平调或升调,后字则常保留曲折调。

③连读变调存在较多的合并现象,而且合并不限于阴调类内部或阳调类内部,即打破了阴阳调类的界限。例如前字为阴平、阳平、阴上、阴去、阴入时都可变为[33]调;后字为阴平、阳平、阴去、阳去、阳入时都可变为[334]调。而且浦江话中阴阳调类在连调中的合并,并没有使后字的声母发生浊化或清化。

5.儿化、小称音变规律

浦江话的小称音变以韵母变化为主,声调变化为辅。

(1)韵母的变化

从韵母来看,在浦江话的 45 个韵母中,现在已经调查到有小称例词的韵母共有 31 个。

31 个韵母小称时要发生变化,每个基本韵对应一个小称韵,即共有 31 个小称韵。变化的方式只有一种,即在原韵母的末尾加上一个鼻音韵尾[n]。浦江话"儿"字读[n113](阳平),小称音里的[n]尾显然来自"儿"字。

（2）声调的变化

浦江话小称变调情况如下表所示，例词中的"儿"字一律省去。

浦江话小称变调表

古音	今单字调	变调规律	例词
清平	阴平 534	不变	梯、乌、虾、杯、糕、歌
浊平	阳平 113	232	梨、梅、猫、桃、球、篮、盘、蚕、羊、鲜
清上	阴上 53	55	馃、蚤、枣、鸟、狗、茧、梗
浊上	阳上 243	24	柿、语、女、瘤、辫
		不变	弟、棒
清去	阴去 55	不变	痱、记、兔、裤
		53	泡、豹
浊去	阳去 24	243	芋、刨
清入	阴入 423	不变	格、夹、鸭、塔、节、尺、塞、壳、雀、卒、橘
浊入	阳入 232	不变	匣、末、栗、鹿、竹

浦江话小称变调规律可以归纳为：

①阴平、阴入、阳入字不变调。

②阳平字变[232]调，同阳入调；阴上字变[55]调，同阴去调；阳去字（目前调查到的例字较少）变[243]调，同阳上调。

③阳上字多数变[24]调，同阳去调，少数不变调；阴去字多数不变调，少数变[53]调，同阴上调。

④小称调没有超出本调的范围，除阳平[113]以外，其他各本调都能在小称调中找到。

(二)青男音系

1. 声母(32个,包括零声母在内)

p 八兵	pʰ 派片	b 爬病	m 麦明	f 飞风副蜂	v 饭味
t 多东	tʰ 讨天	d 甜毒	n 南打		l 脑老蓝连路
ts 资早酒刺张量争装	tsʰ 刺草寸清抽拆初	dz 杂城		s 丝三酸山	z 字贼全祠事十城
tʃ 猪鸡纸	tʃʰ 溪气	dʒ 迟骑		ʃ 西戏	
tɕ 竹装主九	tɕʰ 抄车春轻	dʑ 茶柱共	ȵ 年泥热软月	ɕ 想双手书响	ʑ 谢床船顺
k 高根	kʰ 开快	g 厚共	ŋ 熬硬	x 好灰	
0 话县安温王云用药					

说明:

(1)[tʃ]组声母只拼[i]韵,实际读音接近[ts]组。

(2)[tɕ][tɕʰ][dʑ]声母拼[iɛ][yẽ]韵时,近标准的舌面前塞擦音;拼其他韵时擦音成分较弱,接近舌面前塞音[ȶ][ȶʰ][ȡ]。

(3)[x]声母发音部位略后。

(4)阳调类的零声元音节前面,带有轻微的与音节开头元音同部位的摩擦成分。

2. 韵母(45 个,包括自成音节的[m][n])

ɿ 师丝	i 猪米试戏飞桥接 热月	u 布苦	y 雨鬼
			yi 血折~叠
ɑ 排鞋法白	iɑ 牙瓦鸭	uɑ 快塔辣活刮	yɑ 茶杀
a 开赔对	ia 写贴八节	ua 灰块	
ɛ 直尺		uɛ 亏危	
o 宝饱托郭壳学			yo 药学
ɤ 豆走	iɤ 九油		
ə 十七北色	iə 急一锡	uə 骨国	yə 出橘
ɯ 歌坐过笑谷六绿			yɯ 靴局
ɑ̃ 山饭	iɑ̃ 年烟	uɑ̃ 官关	
	iẽ 连盐		yẽ 权圆
ə̃ 南半短寸			
ɛ̃ 硬争		uɛ̃ 横	
õ 糖王讲			yõ 响床双
an 纺汉	ian 战延	uan 顽狂	
ən 心深根新灯东	iən 心升病星	uən 滚婚	yən 春云
on 公红			yon 兄用
m 无午			
n 五二			

说明:

(1)[u][y]二韵唇形较展。[u]韵与零声母之外的声母相拼时,双唇有时会颤。

(2)[ɑ][iɑ][uɑ][yɑ]四韵中的[ɑ]舌位略高,唇形略圆,接近[ɒ]。

（3）［a］［ua］二韵中的［a］舌位略后。

（4）［ɤ］［iɤ］二韵中的［ɤ］舌位略前略低，介于［ɤ］与［ə］之间；［ɤ］韵实际音值为［ᵊɤ］。

（5）［ɯ］［yɯ］二韵中的［ɯ］舌位较前较低，而且常带有圆唇色彩，其中［yɯ］韵中的［ɯ］圆唇色彩更加明显。

（6）［ɑ̃］［iɑ̃］［uɑ̃］三韵里的［ɑ］鼻化色彩很弱。

（7）［ə］韵里的［ə］舌位较高，有时带有圆唇色彩，实际音值与本音系［ɯ］［yɯ］二韵中的［ɯ］基本相同。

（8）［on］［yon］二韵有时接近［om］［yom］，与［p］组声母相拼时尤其明显。

3.声调（8 个）

阴平	534	东该灯风通开天春
阳平	113	门龙牛油铜皮糖红
阴上	53	懂古鬼九统苦讨草
阳上	243	马买老有动罪近后
阴去	55	冻怪半四痛快寸去百
阳去	24	卖路硬乱洞地饭树
阴入	423	谷搭节急哭拍塔切刻
阳入	232	六麦叶月毒白实罚五

说明：

（1）阴平［534］有时上升部分不明显，近［533］。

（2）阳平［113］开始略降，但降得不到一度。个别阳平字阳平、阳入自由变读。

（3）阴入［423］为长调。

（4）阳入［232］为长调，末尾略升，实际读音近［2323］。

二、单　字

编号	单字	音韵地位	老男音	青男音
0001	多	果开一平歌端	tɯ⁵³⁴	tɯ⁵³⁴
0002	拖	果开一平歌透	tʰɯ⁵³⁴	tʰɯ⁵³⁴
0003	大～小	果开一去歌定	dɯ²⁴	dɯ²⁴
0004	锣	果开一平歌来	lɯ¹¹³	lɯ¹¹³
0005	左	果开一上歌精	tsɯ⁵⁵	tsɯ⁵⁵
0006	歌	果开一平歌见	kɯ⁵³⁴	kɯ⁵³⁴
0007	个	果开一去歌见	kɑ⁵⁵	kɑ⁵⁵
0008	可	果开一上歌溪	kʰɯ⁵³	kʰɯ⁵³
0009	鹅	果开一平歌疑	ŋɯ¹¹³	ŋɯ¹¹³
0010	饿	果开一去歌疑	ŋɯ²⁴	ŋɯ²⁴
0011	河	果开一平歌匣	ɯ¹¹³	ɯ¹¹³
0012	茄	果开三平戈群	dʑiɑ¹¹³～菜:茄子 tɕiɑ⁵³⁴番～	dʑiɑ¹¹³～菜:茄子 tɕiɑ⁵³⁴番～
0013	破	果合一去戈滂	pʰɑ⁵⁵	pʰɑ⁵⁵
0014	婆	果合一平戈并	bɯ¹¹³	bɯ¹¹³
0015	磨动词	果合一平戈明	mɯ¹¹³～刀 mɯ²⁴～麦	mɯ¹¹³～刀 mɯ²⁴～麦
0016	磨名词	果合一去戈明	mɯ²⁴	mɯ²⁴
0017	躲	果合一上戈端	（无）①	（无）
0018	螺	果合一平戈来	lɯ¹¹³	lɯ¹¹³
0019	坐	果合一上戈从	zɯ²⁴³	zɯ²⁴³

___

① "躲"浦江方言说"幽＝iɤ⁵³⁴"。

续表

编号	单 字	音韵地位	老男音	青男音
0020	锁	果合一上戈心	suɯ⁵³	suɯ⁵³
0021	果	果合一上戈见	kuɯ⁵³	kuɯ⁵³
0022	过~来	果合一去戈见	kuɯ⁵⁵	kuɯ⁵⁵
0023	课	果合一去戈溪	kʰuɯ⁵⁵	kʰuɯ⁵⁵
0024	火	果合一上戈晓	xuɯ⁵³	xuɯ⁵³
0025	货	果合一去戈晓	xuɯ⁵⁵	xuɯ⁵⁵
0026	祸	果合一上戈匣	uɯ²⁴³	uɯ²⁴³
0027	靴	果合三平戈晓	ɕyuɯ⁵³⁴	ɕyuɯ⁵³⁴
0028	把量词	假开二上麻帮	pia⁵⁵	pia⁵⁵
0029	爬	假开二平麻並	bia¹¹³	bia¹¹³
0030	马	假开二上麻明	mia²⁴³	mia²⁴³
0031	骂	假开二去麻明	mia²⁴	mia²⁴
0032	茶	假开二平麻澄	dʐɑ¹¹³	dʐɑ¹¹³
0033	沙	假开二平麻生	ɕyɑ⁵³⁴	ɕyɑ⁵³⁴
0034	假真~	假开二上麻见	tɕia⁵³	tɕia⁵³
0035	嫁	假开二去麻见	tɕia⁵⁵	tɕia⁵⁵
0036	牙	假开二平麻疑	ȵia¹¹³	ȵia¹¹³
0037	虾	假开二平麻晓	ɕia⁴²³	ɕia⁵³⁴
0038	下方位词	假开二上麻匣	iɑ⁴²³	iɑ⁴²³
0039	夏春~	假开二去麻匣	iɑ²⁴	iɑ²⁴
0040	哑	假开二上麻影	iɑ⁵³	iɑ⁵³
0041	姐	假开三上麻精	tsia⁵⁵～～:伯母	tsia⁵⁵～～:伯母
0042	借	假开三去麻精	tsia⁵⁵	tsia⁵⁵
0043	写	假开三上麻心	ɕia⁵³	ɕia⁵³

续表

编号	单字	音韵地位	老男音	青男音
0044	斜	假开三平麻邪	ʑia¹¹³	ʑia¹¹³
0045	谢	假开三去麻邪	ʑia²⁴	ʑia²⁴
0046	车~辆	假开三平麻昌	tɕʰya⁵³⁴	tɕʰya⁵³⁴
0047	蛇	假开三平麻船	ʑia¹¹³	ʑia¹¹³
0048	射	假开三去麻船	dʑia²⁴~涎：拉肚子 ʐya²⁴~箭	dʑia²⁴~涎：拉肚子 ʐya²⁴~箭
0049	爷	假开三平麻以	ia¹¹³	ia¹¹³
0050	野	假开三上麻以	ia²⁴³	ia²⁴³
0051	夜	假开三去麻以	ia²⁴	ia²⁴
0052	瓜	假合二平麻见	kua⁵³⁴	kua⁵³⁴
0053	瓦名词	假合二上麻疑	ȵia²⁴³	ȵia²⁴³
0054	花	假合二平麻晓	xua⁵³⁴	xua⁵³⁴
0055	化	假合二去麻晓	xua⁵⁵	xua⁵⁵~验 ua²⁴消~
0056	华中~	假合二平麻匣	ua¹¹³	ua¹¹³
0057	谱家~	遇合一上模帮	pu⁵³	pu⁵³
0058	布	遇合一去模帮	pu⁵⁵	pu⁵⁵
0059	铺动词	遇合一平模滂	pʰu⁵³⁴	pʰu⁵³⁴
0060	簿	遇合一上模并	bu²⁴³	bu²⁴³
0061	步	遇合一去模并	bu²⁴	bu²⁴
0062	赌	遇合一上模端	tu⁵³	tu⁵³
0063	土	遇合一上模透	tʰu⁵³	tʰu⁵³
0064	图	遇合一平模定	du¹¹³	du¹¹³
0065	杜	遇合一上模定	du²⁴³	du²⁴
0066	奴	遇合一平模泥	nu¹¹³	lu²⁴

续表

编号	单　字	音韵地位	老男音	青男音
0067	路	遇合一去模来	lu^{24}	lu^{24}
0068	租	遇合一平模精	tsu^{534}	tsu^{534}
0069	做	遇合一去模精	$tsɯ^{55}$	$tsɯ^{55}$
0070	错对~	遇合一去模清	（无）①	（无）
0071	箍~桶	遇合一平模见	k^hu^{534}	k^hu^{534}
0072	古	遇合一上模见	ku^{53}	ku^{53}
0073	苦	遇合一上模溪	k^hu^{53}	k^hu^{53}
0074	裤	遇合一去模溪	k^hu^{55}	k^hu^{55}
0075	吴	遇合一平模疑	u^{113}	u^{113}
0076	五	遇合一上模疑	n^{232}	n^{232}
0077	虎	遇合一上模晓	xu^{53}	xu^{53}
0078	壶	遇合一平模匣	u^{113}	u^{113}
0079	户	遇合一上模匣	u^{243}	u^{243}
0080	乌	遇合一平模影	u^{534}	u^{534}
0081	女	遇合三上鱼泥	$ȵy^{243}$	$ȵy^{113}$
0082	吕	遇合三上鱼来	li^{243}	li^{113}
0083	徐	遇合三平鱼邪	zi^{113}	zy^{113}
0084	猪	遇合三平鱼知	$tʃi^{534}$	$tʃi^{534}$
0085	除	遇合三平鱼澄	$dʑy^{113}$	$dʑy^{113}$
0086	初	遇合三平鱼初	ts^hu^{534}	ts^hu^{534}
0087	锄	遇合三平鱼崇	$zʅ^{113}$	$zʅ^{24}$

---

① "错"浦江方言说"赚 dza^{24}"。《广韵》去声陷韵佇陷切："重买。"《说文解字·卷六下》徐铉"新附"："重买也。错也。从贝廉声。佇陷切。"参看曹志耘、秋谷裕幸主编（2016:33）。

续表

编号	单　字	音韵地位	老男音	青男音
0088	所	遇合三上鱼生	su^{53}	su^{53}
0089	书	遇合三平鱼书	ɕy^{534}	ɕy^{534}
0090	鼠	遇合三上鱼书	tsʅ^{53}声母特殊	tsʅ^{53}声母特殊
0091	如	遇合三平鱼日	ʑy^{113}	ʑy^{113}
0092	举	遇合三上鱼见	tɕy^{53}	tɕy^{55}
0093	锯名词	遇合三去鱼见	kə̃^{55}	kə̃^{55}
0094	去	遇合三去鱼溪	tɕʰi^{55}	tɕʰi^{55}
0095	渠~道	遇合三平鱼群	dʑy^{113}	dʑy^{113}
0096	鱼	遇合三平鱼疑	ȵy^{113}	ȵy^{113}
0097	许	遇合三上鱼晓	ɕy^{53}	ɕy^{53}
0098	余剩~,多~	遇合三平鱼以	y^{113}	y^{113}
0099	府	遇合三上虞非	fu^{53}	fu^{53}
0100	付	遇合三去虞非	fu^{55}	fu^{55}
0101	父	遇合三上虞奉	vu^{243}	u^{53}
0102	武	遇合三上虞微	vu^{243}	vu^{113}
0103	雾	遇合三去虞微	vu^{24}	vu^{24}
0104	取	遇合三上虞清	tɕʰy^{53}	tɕʰy^{53}
0105	柱	遇合三上虞澄	dʑy^{243}	dʑy^{243}
0106	住	遇合三去虞澄	dʑy^{24}	dʑy^{24}
0107	数动词	遇合三上虞生	ɕy^{53}	ɕy^{53}
0108	数名词	遇合三去虞生	su^{55}	su^{55}
0109	主	遇合三上虞章	tɕy^{53}	tɕy^{53}
0110	输	遇合三平虞书	ɕy^{534}	ɕy^{534}
0111	竖	遇合三上虞禅	ʑy^{243}	ʑy^{243}

续表

编号	单 字	音韵地位	老男音	青男音
0112	树	遇合三去虞禅	$z y^{24}$	$z y^{24}$
0113	句	遇合三去虞见	$t \varphi y^{55}$	$t \varphi y^{55}$
0114	区地~	遇合三平虞溪	$t \varphi^h y^{534}$	$t \varphi^h y^{534}$
0115	遇	遇合三去虞疑	y^{24}	y^{24}
0116	雨	遇合三上虞云	y^{243}	y^{243}
0117	芋	遇合三去虞云	y^{24}	y^{24}
0118	裕	遇合三去虞以	y^{24}读字	（无）
0119	胎	蟹开一平咍透	$t^h a^{534}$	$t^h a^{534}$
0120	台戏~	蟹开一平咍定	$d a^{113}$	$d a^{113}$
0121	袋	蟹开一去咍定	$d a^{24}$	$d a^{24}$
0122	来	蟹开一平咍来	$l a^{113}$	$l a^{113}$
0123	菜	蟹开一去咍清	$t s^h a^{55}$	$t s^h a^{55}$
0124	财	蟹开一平咍从	$z a^{113}$	$z a^{113}$白 $d z a^{113}$文
0125	该	蟹开一平咍见	$k a^{534}$	$k a^{534}$
0126	改	蟹开一上咍见	$k a^{53}$	$k a^{53}$
0127	开	蟹开一平咍溪	$k^h a^{534}$	$k^h a^{534}$
0128	海	蟹开一上咍晓	$x a^{53}$	$x a^{53}$
0129	爱	蟹开一去咍影	a^{55}	a^{55}
0130	贝	蟹开一去泰帮	$p a^{55}$	$p a^{55}$
0131	带动词	蟹开一去泰端	$t ɑ^{55}$	$t ɑ^{55}$
0132	盖动词	蟹开一去泰见	$k a^{55}$	$k a^{55}$
0133	害	蟹开一去泰匣	a^{24}	a^{24}
0134	拜	蟹开二去皆帮	$p ɑ^{55}$	$p ɑ^{55}$

续表

编号	单字	音韵地位	老男音	青男音
0135	排	蟹开二平皆並	ba^{113}	ba^{113}
0136	埋	蟹开二平皆明	ma^{113}	ma^{113}
0137	戒	蟹开二去皆见	ka^{55}	ka^{55}
0138	摆	蟹开二上佳帮	pa^{53}	pa^{53}
0139	派	蟹开二去佳滂	p^ha^{55}	p^ha^{55}
0140	牌	蟹开二平佳並	ba^{113}	ba^{113}
0141	买	蟹开二上佳明	ma^{243}	$m\tilde{a}^{243}$
0142	卖	蟹开二去佳明	ma^{24}	$m\tilde{a}^{24}$
0143	柴	蟹开二平佳崇	za^{113}	za^{113}
0144	晒	蟹开二去佳生	ɕya^{55}	ɕya^{55}
0145	街	蟹开二平佳见	ka^{534}	ka^{534}
0146	解～开	蟹开二上佳见	ka^{53}	ka^{53}
0147	鞋	蟹开二平佳匣	a^{113}	a^{113}
0148	蟹	蟹开二上佳匣	xa^{53}毛～	（无）
0149	矮	蟹开二上佳影	a^{55}	a^{55}
0150	败	蟹开二去夬並	ba^{24}	ba^{24}
0151	币	蟹开三去祭並	p^hi^{55}	pi^{55}
0152	制～造	蟹开三去祭章	tsi^{55}	tsi^{55}
0153	世	蟹开三去祭书	ʃi^{55}	ʃi^{55}
0154	艺	蟹开三去祭疑	ȵi^{24}	ȵi^{55}
0155	米	蟹开四上齐明	mi^{243}	mi^{243}
0156	低	蟹开四平齐端	ti^{534}	ti^{534}
0157	梯	蟹开四平齐透	t^hi^{534}	t^hi^{534}
0158	剃	蟹开四去齐透	t^hi^{55}	t^hi^{55}

续表

编号	单　字	音韵地位	老男音	青男音
0159	弟	蟹开四上齐定	di²⁴³	di²⁴³
0160	递	蟹开四去齐定	di²⁴	di²⁴
0161	泥	蟹开四平齐泥	n̠i¹¹³	n̠i¹¹³
0162	犁	蟹开四平齐来	li¹¹³	li¹¹³
0163	西	蟹开四平齐心	ʃi⁵³⁴	ʃi⁵³⁴
0164	洗	蟹开四上齐心	ʃi⁵³	ʃi⁵³
0165	鸡	蟹开四平齐见	tʃi⁵³⁴	tʃi⁵³⁴
0166	溪	蟹开四平齐溪	tʃʰi⁵³⁴	tʃʰi⁵³⁴
0167	契	蟹开四去齐溪	tʃʰi⁵⁵	tʃʰi⁵⁵
0168	系₍联~₎	蟹开四去齐匣	ʃi⁵⁵	ʃi⁵⁵
0169	杯	蟹合一平灰帮	pa⁵³⁴	pa⁵³⁴
0170	配	蟹合一去灰滂	pʰa⁵⁵	pʰa⁵⁵
0171	赔	蟹合一平灰并	ba¹¹³	ba¹¹³
0172	背₍~诵₎	蟹合一去灰并	ba²⁴	ba²⁴
0173	煤	蟹合一平灰明	ma¹¹³	ma¹¹³
0174	妹	蟹合一去灰明	ma²⁴	ma²⁴
0175	对	蟹合一去灰端	ta⁵⁵	ta⁵⁵
0176	雷	蟹合一平灰来	la¹¹³白 luɛ¹¹³文	la¹¹³
0177	罪	蟹合一上灰从	za²⁴³	za²⁴³
0178	碎	蟹合一去灰心	suɛ⁵³读字	（无）
0179	灰	蟹合一平灰晓	xua⁵³⁴	xua⁵³⁴
0180	回	蟹合一平灰匣	ua¹¹³	ua¹¹³
0181	外	蟹合一去泰疑	ŋa¹¹³~公 ŋɑ²⁴~面,~国	ŋa¹¹³~公 ŋɑ²⁴~面,~国

编号	单　字	音韵地位	老男音	青男音
0182	会开~	蟹合一去泰匣	ua²⁴	ua²⁴
0183	怪	蟹合二去皆见	kuɑ⁵⁵	kuɑ⁵⁵
0184	块	蟹合一去皆溪	kʰuɑ⁵⁵	kʰuɑ⁵⁵
0185	怀	蟹合二平皆匣	guɑ¹¹³白 ua¹¹³文	guɑ¹¹³白 ua¹¹³文
0186	坏	蟹合二去皆匣	ua²⁴	ua²⁴
0187	拐	蟹合二上佳见	kuɑ⁵³	kuɑ⁵³
0188	挂	蟹合二去佳见	kuɑ⁵⁵	kuɑ⁵⁵
0189	歪	蟹合二平佳晓	（无）①	（无）
0190	画	蟹合二去佳匣	uɑ²⁴	uɑ²⁴
0191	快	蟹合二去夬溪	kʰuɑ⁵⁵	kʰuɑ⁵⁵
0192	话	蟹合二去夬匣	uɑ²⁴	uɑ²⁴
0193	岁	蟹合三去祭心	ʃi⁵⁵	ʃi⁵⁵
0194	卫	蟹合三去祭云	uɛ²⁴³	uɛ²⁴³
0195	肺	蟹合三去废敷	fi⁵⁵	fi⁵⁵
0196	桂	蟹合四去齐见	kuɛ⁵⁵	kuɛ⁵⁵
0197	碑	止开三平支帮	pɛ⁵³⁴	pɛ⁵³⁴
0198	皮	止开三平支并	bi¹¹³	bi¹¹³
0199	被~子	止开三上支并	bi²⁴³	bi²⁴³
0200	紫	止开三上支精	tsɿ⁵³	tsɿ⁵³
0201	刺	止开三去支清	tsɿ⁵⁵白 tsʰɿ⁵⁵文	tsɿ⁵⁵白 tsʰɿ⁵⁵文
0202	知	止开三平支知	tʃi⁵³⁴	tʃi⁵³⁴

① "歪"浦江方言说"件＝dziẽ²⁴³"。

续表

编号	单　字	音韵地位	老男音	青男音
0203	池	止开三平支澄	$d\textrm{ʒ}i^{113}$	$z\textrm{ɿ}^{113}$
0204	纸	止开三上支章	$t\textrm{ʃ}i^{53}$	$t\textrm{ʃ}i^{53}$
0205	儿	止开三平支日	n^{113}	n^{113}
0206	寄	止开三去支见	$t\textrm{ʃ}i^{55}$	$t\textrm{ʃ}i^{55}$
0207	骑	止开三平支群	$d\textrm{ʒ}i^{113}$	$d\textrm{ʒ}i^{113}$
0208	蚁	止开三上支疑	n^{243}白~	（无）
0209	义	止开三去支疑	$\textrm{ȵ}i^{24}$	$\textrm{ȵ}i^{24}$
0210	戏	止开三去支晓	$\textrm{ʃ}i^{55}$	$\textrm{ʃ}i^{55}$
0211	移	止开三平支以	i^{113}	i^{113}
0212	比	止开三上脂帮	pi^{53}	pi^{53}
0213	屁	止开三去脂滂	$p^h i^{55}$	$p^h i^{55}$
0214	鼻	止开三去脂並	$biə^{232}$	$biə^{232}$
0215	眉	止开三平脂明	mi^{113}	mi^{113}
0216	地	止开三去脂定	di^{24}	di^{24}
0217	梨	止开三平脂来	li^{113}	li^{113}
0218	资	止开三平脂精	$ts\textrm{ɿ}^{534}$	$ts\textrm{ɿ}^{534}$
0219	死	止开三上脂心	$s\textrm{ɿ}^{53}$	$s\textrm{ɿ}^{53}$
0220	四	止开三去脂心	$\textrm{ʃ}i^{55}$	$\textrm{ʃ}i^{55}$
0221	迟	止开三平脂澄	$d\textrm{ʒ}i^{113}$	$d\textrm{ʒ}i^{113}$
0222	师	止开三平脂生	$s\textrm{ɿ}^{534}$	$s\textrm{ɿ}^{534}$
0223	指	止开三上脂章	$ts\textrm{ɿ}^{53}$	$ts\textrm{ɿ}^{53}$
0224	二	止开三去脂日	n^{24}	n^{24}
0225	饥~饿	止开三平脂见	$t\textrm{ʃ}i^{534}$	$t\textrm{ʃ}i^{534}$
0226	器	止开三去脂溪	$t\textrm{ʃ}^h i^{55}$	$t\textrm{ʃ}^h i^{55}$

续表

编号	单　字	音韵地位	老男音	青男音
0227	姨	止开三平脂以	i^{113}	i^{113}
0228	李	止开三上之来	li^{243}	li^{243}
0229	子	止开三上之精	tsɿ^{53}	tsɿ^{53}
0230	字	止开三去之从	zɿ^{24}	zɿ^{24}
0231	丝	止开三平之心	sɿ^{534}	sɿ^{534}
0232	祠	止开三平之邪	zɿ^{24}	zɿ^{24}
0233	寺	止开三去之邪	zɿ^{24}	zɿ^{24}
0234	治	止开三去之澄	dʒi^{243}	dʒi^{243}
0235	柿	止开三上之崇	zɿ^{24}	zɿ^{24}
0236	事	止开三去之崇	zɿ^{24}	zɿ^{24}
0237	使	止开三上之生	sɿ^{53}	sɿ^{55}大～馆
0238	试	止开三去之书	ʃi^{55}	ʃi^{55}
0239	时	止开三平之禅	zɿ^{113}	zɿ^{113}
0240	市	止开三上之禅	zɿ^{243}	zɿ^{243}
0241	耳	止开三上之日	n^{113}～朵。白 ɤ^{243}木～。文	n^{243}～朵。白 ɤ^{243}木～。文
0242	记	止开三去之见	tʃi^{55}	tʃi^{55}
0243	棋	止开三平之群	dʒi^{113}	dʒi^{113}
0244	喜	止开三上之晓	ʃi^{53}	ʃi^{53}
0245	意	止开三去之影	i^{55}	i^{55}
0246	几～个	止开三上微见	tʃi^{53}	tʃi^{53}
0247	气	止开三去微溪	tʃʰi^{55}	tʃʰi^{55}
0248	希	止开三平微晓	ʃi^{534}	ʃi^{534}
0249	衣	止开三平微影	i^{534}	i^{534}

续表

编号	单字	音韵地位	老男音	青男音
0250	嘴	止合三上支精	tʃi⁵³ 口~:嘴巴	tʃi⁵³ 口~:嘴巴
0251	随	止合三平支邪	zuɛ¹¹³	zuɛ¹¹³
0252	吹	止合三平支昌	tɕʰy⁵³⁴	tɕʰy⁵³⁴
0253	垂	止合三平支禅	dʑy¹¹³	zuɛ¹¹³
0254	规	止合三平支见	kuɛ⁵³⁴	kuɛ⁵³⁴
0255	亏	止合三平支溪	kʰuɛ⁵³⁴	kʰuɛ⁵³⁴
0256	跪	止合三上支群	dʑy²⁴³	dʑy²⁴³
0257	危	止合三平支疑	uɛ¹¹³	uɛ¹¹³
0258	类	止合三去脂来	luɛ²⁴	luɛ²⁴
0259	醉	止合三去脂精	tʃi⁵⁵	tʃi⁵⁵
0260	追	止合三平脂知	(无)①	(无)
0261	锤	止合三平脂澄	dʑy¹¹³	(无)
0262	水	止合三上脂书	ɕy⁵³	ɕy⁵³
0263	龟	止合三平脂见	tɕy⁵³⁴	tɕy⁵³⁴
0264	季	止合三去脂见	tʃi⁵⁵	tʃi⁵⁵
0265	柜	止合三去脂群	dʑy²⁴	guɛ²⁴
0266	位	止合三去脂云	uɛ²⁴	uɛ²⁴
0267	飞	止合三平微非	fi⁵³⁴	fi⁵³⁴
0268	费	止合三去微敷	fi⁵⁵ 路~ vi²⁴³ 姓	fi⁵⁵
0269	肥	止合三平微奉	bi¹¹³ 白 vi¹¹³ 文	vi¹¹³
0270	尾	止合三上微微	m¹¹³ ~巴	n²⁴³ ~巴

---

① "追"浦江方言说"趋 bɛ²³²"。《集韵》入声职韵弼力切:"走也。"参看曹志耘、秋谷裕幸主编(2016:36)。

编号	单　字	音韵地位	老男音	青男音
0271	味	止合三去微微	vi²⁴	vi²⁴
0272	鬼	止合三上微见	tɕy⁵³	tɕy⁵³
0273	贵	止合三去微见	tɕy⁵⁵	tɕy⁵⁵
0274	围	止合三平微云	y¹¹³白 uɛ¹¹³文	y¹¹³白 uɛ¹¹³文
0275	胃	止合三去微云	uɛ²⁴³	uɛ²⁴³
0276	宝	效开一上豪帮	po⁵³	po⁵³
0277	抱	效开一上豪並	bu²⁴³	bu²⁴³
0278	毛	效开一平豪明	mo¹¹³	mo¹¹³
0279	帽	效开一去豪明	mo²⁴	mo²⁴
0280	刀	效开一平豪端	to⁵³⁴	to⁵³⁴
0281	讨	效开一上豪透	tʰo⁵³	tʰo⁵³
0282	桃	效开一平豪定	do¹¹³	do¹¹³
0283	道	效开一上豪定	do²⁴³	do²⁴³
0284	脑	效开一上豪泥	lo²⁴³	lo²⁴³
0285	老	效开一上豪来	lo²⁴³	lo²⁴³
0286	早	效开一上豪精	tso⁵³	tso⁵³
0287	灶	效开一去豪精	tso⁵⁵	tso⁵⁵
0288	草	效开一上豪清	tsʰo⁵³	tsʰo⁵³
0289	糙	效开一去豪清	tsʰo⁵⁵	tsʰo⁵⁵
0290	造	效开一上豪从	zo²⁴³	zo²³²
0291	嫂	效开一上豪心	so⁵⁵	so⁵⁵
0292	高	效开一平豪见	ko⁵³⁴	ko⁵³⁴
0293	靠	效开一去豪溪	kʰo⁵⁵	kʰo⁵⁵

续表

编号	单 字	音韵地位	老男音	青男音
0294	熬	效开一平豪疑	ηo^{113}	ηo^{113}
0295	好~坏	效开一上豪晓	xo^{53}	xo^{53}
0296	号名词	效开一去豪匣	o^{24}	o^{24}
0297	包	效开二平肴帮	po^{534}	po^{534}
0298	饱	效开二上肴帮	po^{53}	po^{53}
0299	炮	效开二去肴滂	$p^h o^{55}$	$p^h o^{55}$
0300	猫	效开二平肴明	mo^{113}	mo^{113}
0301	闹	效开二去肴泥	lo^{24}	lo^{24}
0302	罩	效开二去肴知	tso^{55}	tso^{55}
0303	抓用手~牌	效开二平肴庄	$t\varphi ya^{534}$	$t\varphi ya^{534}$
0304	找~零钱	效开二上肴庄	$t\varphi yo^{53}$	$t\varphi yo^{53}$
0305	抄	效开二平肴初	$t\varphi^h yo^{534}$	$t\varphi^h yo^{534}$
0306	交	效开二平肴见	ko^{534}	ko^{534}
0307	敲	效开二平肴溪	$k^h o^{534}$	$k^h o^{534}$
0308	孝	效开二去肴晓	xo^{55}白 φyo^{55}文	φyo^{55}
0309	校学~	效开二去肴匣	ia^{24}	ia^{243}
0310	表手~	效开三上宵帮	pia^{53}	pia^{53}
0311	票	效开三去宵滂	$p^h i^{55}$	$p^h i^{55}$
0312	庙	效开三去宵明	mia^{24}	mia^{24}
0313	焦	效开三平宵精	$tsuɰ^{534}$	$tsuɰ^{534}$
0314	小	效开三上宵心	$suɰ^{55}$白 φia^{55}文	$suɰ^{55}$白 φia^{55}文
0315	笑	效开三去宵心	$suɰ^{55}$	$suɰ^{55}$
0316	朝~代	效开三平宵澄	$dzuɰ^{113}$	$dzuɰ^{113}$

续表

编号	单 字	音韵地位	老男音	青男音
0317	照	效开三去宵章	tsɯ⁵⁵	tsɯ⁵⁵
0318	烧	效开三平宵书	sɯ⁵³⁴	sɯ⁵³⁴
0319	绕~线	效开三去宵日	n̠i²⁴	n̠i²⁴
0320	桥	效开三平宵群	dʑi¹¹³	dʑi¹¹³
0321	轿	效开三去宵群	dʑi²⁴	dʑi²⁴
0322	腰	效开三平宵影	i⁵³⁴	i⁵³⁴
0323	要重~	效开三去宵影	ia⁵⁵	ia⁵⁵
0324	摇	效开三平宵以	i¹¹³白 ia¹¹³文	i¹¹³
0325	鸟	效开四上萧端	n̠ia²⁴³读字	n̠ia²⁴³读字
0326	钓	效开四去萧端	tɯ⁵⁵	tɯ⁵⁵
0327	条	效开四平萧定	dɯ¹¹³肋~肉。白 dia¹¹³文	dia¹¹³
0328	料	效开四去萧来	lɯ²⁴白 lia²⁴文	lɯ²⁴
0329	箫	效开四平萧心	sɯ⁵³⁴	sɯ⁵³⁴
0330	叫	效开四去萧见	tɕi⁵⁵	tɕi⁵⁵
0331	母丈~，舅~	流开一上侯明	m²⁴³	n²⁴³
0332	抖	流开一上侯端	tɤ⁵³	tɤ⁵³
0333	偷	流开一平侯透	tʰɤ⁵³⁴	tʰɤ⁵³⁴
0334	头	流开一平侯定	dɤ¹¹³	dɤ¹¹³
0335	豆	流开一去侯定	dɤ²⁴	dɤ²⁴
0336	楼	流开一平侯来	lɤ¹¹³	lɤ¹¹³
0337	走	流开一上侯精	tsɤ⁵³	tsɤ⁵³
0338	凑	流开一去侯清	tsʰɤ⁵⁵	tsʰɤ⁵⁵

续表

编号	单 字	音韵地位	老男音	青男音
0339	钩	流开一平侯见	kɤ^{534}	kɤ^{534}
0340	狗	流开一上侯见	kɤ^{53}	kɤ^{53}
0341	够	流开一去侯见	kɤ^{55}	kɤ^{55}
0342	口	流开一上侯溪	kʰɤ^{53}	kʰɤ^{53}
0343	藕	流开一上侯疑	ŋɤ^{243}	ŋɤ^{243}
0344	后前~	流开一上侯匣	ɤ^{243}	ɤ^{243}
0345	厚	流开一上侯匣	gɤ^{243}	gɤ^{243}
0346	富	流开三去尤非	fu^{55}	fu^{55}
0347	副	流开三去尤敷	fu^{55}	fu^{55}
0348	浮	流开三平尤奉	vu^{113}	vu^{113}
0349	妇	流开三上尤奉	vu^{243}	vu^{243}
0350	流	流开三平尤来	lɤ^{113}	lɤ^{113}
0351	酒	流开三上尤精	tsiɤ^{53}	tsiɤ^{53}
0352	修	流开三平尤心	ɕiɤ^{534}	ɕiɤ^{534}
0353	袖	流开三去尤邪	iɤ^{55}	iɤ^{24}
0354	抽	流开三平尤彻	tsʰiɤ^{534}	tsʰiɤ^{534}
0355	绸	流开三平尤澄	dziɤ^{113}	dziɤ^{113}
0356	愁	流开三平尤崇	ʑiɤ^{113}	ʑiɤ^{113}
0357	瘦	流开三去尤生	ɕiɤ^{55}	ɕiɤ^{55}
0358	州	流开三平尤章	tsiɤ^{534}	tsiɤ^{534}
0359	臭香~	流开三去尤昌	tsʰiɤ^{55}	tsʰiɤ^{55}
0360	手	流开三上尤书	ɕiɤ^{53}	ɕiɤ^{53}
0361	寿	流开三去尤禅	ʑiɤ^{24}	ʑiɤ^{24}
0362	九	流开三上尤见	tɕiɤ^{53}	tɕiɤ^{53}

续表

编号	单 字	音韵地位	老男音	青男音
0363	球	流开三平尤群	dʑiɤ¹¹³	dʑiɤ¹¹³
0364	舅	流开三上尤群	dʑiɤ²⁴³	dʑiɤ²⁴³
0365	旧	流开三去尤群	dʑiɤ²⁴	dʑiɤ²⁴
0366	牛	流开三平尤疑	n̠iɤ¹¹³	n̠iɤ¹¹³
0367	休	流开三平尤晓	ɕiɤ⁵³⁴	ɕiɤ⁵³⁴
0368	优	流开三平尤影	iɤ⁵³⁴	iɤ⁵³⁴
0369	有	流开三上尤云	iɤ²⁴³	iɤ²⁴³
0370	右	流开三去尤云	iɤ²⁴	iɤ²⁴³
0371	油	流开三平尤以	iɤ¹¹³	iɤ¹¹³
0372	丢	流开三平幽端	（无）①	（无）
0373	幼	流开三去幽影	iɤ⁵⁵	iɤ⁵⁵
0374	贪	咸开一平覃透	tʰə̃⁵³⁴白 tʰan⁵³⁴文	tʰə̃⁵³⁴白 tʰan⁵³⁴文
0375	潭	咸开一平覃定	də̃¹¹³	də̃¹¹³
0376	南	咸开一平覃泥	nə̃¹¹³	nə̃¹¹³
0377	蚕	咸开一平覃从	zə̃¹¹³	zə̃¹¹³
0378	感	咸开一上覃见	kə̃⁵³	kə̃⁵³
0379	含～一口水	咸开一平覃匣	ə̃¹¹³	ə̃¹¹³
0380	暗	咸开一去覃影	ə̃⁵⁵	ə̃⁵⁵
0381	搭	咸开一入合端	tuɑ⁴²³	tuɑ⁴²³
0382	踏	咸开一入合透	dʐɑ²³²	dʐɑ²³²
0383	拉	咸开一入合来	lɑ⁵³⁴	lɑ⁵³⁴

① "丢"字在浦江方言中不用。"丢弃"义浦江方言说"倒 to⁵³";"投掷"义说
"掼 guã²⁴"。

续表

编号	单字	音韵地位	老男音	青男音
0384	杂	咸开一入合从	dzə^{232}	dzə^{232}
0385	鸽	咸开一入合见	kə^{423}	kə^{423}
0386	盒	咸开一入合匣	（无）①	（无）
0387	胆	咸开一上谈端	tã^{53}	tã^{53}
0388	毯	咸开一上谈透	tʰã^{53}	tʰã^{53}
0389	淡	咸开一上谈定	dã^{243}	dã^{243}
0390	蓝	咸开一平谈来	lã^{113}	lã^{113}
0391	三	咸开一平谈心	sã^{534}	sã^{534}
0392	甘	咸开一平谈见	kã^{534}	kã^{534}
0393	敢	咸开一上谈见	kã^{53}	kã^{53}
0394	喊	咸开一上谈晓	（无）	（无）
0395	塔	咸开一入盍透	tʰuɑ^{423}	tʰuɑ^{423}
0396	蜡	咸开一入盍来	luɑ^{232}	luɑ^{232}
0397	赚	咸开二去咸澄	dzã^{243}	dzã^{243}
0398	杉~木	咸开二平咸生	sã^{534}	sã^{534}
0399	减	咸开二上咸见	kã^{53}	kã^{53}
0400	咸~淡	咸开二平咸匣	ã^{113}	ã^{113}
0401	插	咸开二入洽初	tɕʰyɑ^{423}	tɕʰyɑ^{423}
0402	闸	咸开二入洽崇	zyɑ^{232}	zyɑ^{232}
0403	夹~子	咸开二入洽见	tɕiɑ^{423}	tɕiɑ^{423}
0404	衫	咸开二平衔生	sã^{534}	sã^{53}
0405	监	咸开二平衔见	kã^{534}	kã^{534}
0406	岩	咸开二平衔疑	ŋã^{113}	ŋã^{113}

---

① 浦江方言不说"盒"，而说"匣一~：一盒 iɑ^{24}"。

续表

编号	单 字	音韵地位	老男音	青男音
0407	甲	咸开二入狎见	tɕia⁴²³	tɕia⁴²³
0408	鸭	咸开二入狎影	ia⁴²³	ia⁴²³
0409	黏~液	咸开三平盐泥	ȵiẽ⁵³⁴	ȵiẽ⁵³⁴
0410	尖	咸开三平盐精	tsiẽ⁵³⁴	tsiẽ⁵³⁴
0411	签~名	咸开三平盐清	tsʰiẽ⁵³⁴	tsʰiẽ⁵³⁴
0412	占~领	咸开三去盐章	tsɛ̃⁵⁵	tsɛ̃⁵⁵
0413	染	咸开三上盐日	ȵiẽ²⁴³	ȵiẽ²⁴³
0414	钳	咸开三平盐群	dziẽ¹¹³	dziẽ¹¹³
0415	验	咸开三去盐疑	ȵiẽ²⁴	ȵiẽ²⁴
0416	险	咸开三上盐晓	ɕiẽ⁵³	ɕiẽ⁵³
0417	厌	咸开三去盐影	iẽ⁵⁵	iẽ⁵⁵
0418	炎	咸开三平盐云	ian¹¹³	ian¹¹³
0419	盐	咸开三平盐以	iẽ¹¹³	iẽ¹¹³
0420	接	咸开三入叶精	tsi⁴²³	tsi⁴²³
0421	折~叠	山开三入薛章	tɕyi⁴²³	tɕyi⁴²³
0422	叶树~	咸开三入叶以	i²³²	i²³²
0423	剑	咸开三去严见	tɕiẽ⁵⁵	tɕiẽ⁵⁵
0424	欠	咸开三去严溪	tɕʰiẽ⁵⁵	tɕʰiẽ⁵⁵
0425	严	咸开三平严疑	ȵiẽ¹¹³	ȵiẽ¹¹³
0426	业	咸开三入业疑	ȵiə²³²	ȵiə²³²
0427	点	咸开四上添端	tiɑ̃⁵³	tiɑ̃⁵³
0428	店	咸开四去添端	tiɑ̃⁵⁵	tiɑ̃⁵⁵
0429	添	咸开四平添透	tʰiɑ̃⁵³⁴	tʰiɑ̃⁵³⁴
0430	甜	咸开四平添定	diɑ̃¹¹³	diɑ̃¹¹³

续表

编号	单字	音韵地位	老男音	青男音
0431	念	咸开四去添泥	n̠ia᷈^{24}	n̠ia᷈^{24}
0432	嫌	咸开四平添匣	n̠ia᷈^{113}	n̠ia᷈^{113}
0433	跌	咸开四入帖端	tia^{423}	tia^{423}
0434	贴	咸开四入帖透	tʰia^{423}	tʰia^{423}
0435	碟	咸开四入帖定	dia^{232}白 diə^{232}文	diə^{232}
0436	协	咸开四入帖匣	ia^{24}	ia^{232}
0437	犯	咸合三上凡奉	vɑ᷈^{243}	vɑ᷈^{243}
0438	法	咸合三入乏非	fɑ^{423}	fɑ^{423}
0439	品	深开三上侵滂	pʰiən^{53}	pʰin^{53}
0440	林	深开三平侵来	liən^{113}	lin^{113}
0441	浸	深开三去侵精	tsən^{55}	tsən^{55}
0442	心	深开三平侵心	sən^{534}白 siən^{534}文	sən^{534}白 sin^{534}文
0443	寻	深开三平侵邪	zən^{113}	zən^{113}
0444	沉	深开三平侵澄	dzən^{113}	dzən^{113}
0445	参人~	咸开一平侵生	sən^{534}	sən^{534}
0446	针	深开三平侵章	tsən^{534}	tsən^{534}
0447	深	深开三平侵书	sən^{534}	sən^{534}
0448	任责~	深开三去侵日	ʑyən^{24}	ʑyən^{24}
0449	金	深开三平侵见	tɕiən^{534}	tɕin^{534}
0450	琴	深开三平侵群	dʑiən^{113}	dʑin^{113}
0451	音	深开三平侵影	iən^{534}	in^{534}
0452	立	深开三入缉来	liə^{232}	liə^{232}
0453	集	深开三入缉从	dzi^{232}	dʑi^{232}

续表

编号	单　字	音韵地位	老男音	青男音
0454	习	深开三入缉邪	ʑiə²³²白 dʑia²³²文	ʑiə²³²
0455	汁	深开三入缉章	tsə⁴²³	tsə⁴²³
0456	十	深开三入缉禅	zə²³²	zə²³²
0457	入	深开三入缉日	zə²³²	zə²³²
0458	急	深开三入缉见	tɕiə⁴²³	tɕiə⁴²³
0459	及	深开三入缉群	dʑiə²³²	dʑiə²³²
0460	吸	深开三入缉晓	ɕiə⁴²³	ɕiə⁴²³
0461	单简～	山开一平寒端	tã⁵³⁴	tã⁵³⁴
0462	炭	山开一去寒透	tʰã⁵⁵	tʰã⁵⁵
0463	弹～琴	山开一平寒定	dã¹¹³	dã¹¹³
0464	难～易	山开一平寒泥	lã¹¹³	lã¹¹³
0465	兰	山开一平寒来	lã¹¹³	lã¹¹³
0466	懒	山开一上寒来	lã²⁴³	lã²⁴³
0467	烂	山开一去寒来	lã²⁴	lã²⁴
0468	伞	山开一上寒心	sã⁵⁵	sã⁵⁵
0469	肝	山开一平寒见	kɔ̃⁵³⁴	kɔ̃⁵³⁴
0470	看～见	山开一去寒溪	（无）①	（无）
0471	岸	山开一去寒疑	ɔ̃²⁴	ɔ̃⁵⁵
0472	汉	山开一去寒晓	xɔ̃⁵⁵	xan⁵⁵
0473	汗	山开一去寒匣	ɔ̃²⁴	ɔ̃²⁴
0474	安	山开一平寒影	ɔ̃⁵³⁴	ɔ̃⁵³⁴
0475	达	山开一入曷定	dzyɑ²³²	dɑ²⁴³发～

① "看"浦江方言说"望 mɔ̃²⁴"。

续表

编号	单 字	音韵地位	老男音	青男音
0476	辣	山开一入曷来	$lu\alpha^{232}$	$lu\alpha^{232}$
0477	擦	山开一入曷清	$ts^h\alpha^{423}$	$ts^h\alpha^{423}$
0478	割	山开一入曷见	$ku\mathrm{u}^{423}$	$ku\mathrm{u}^{423}$
0479	渴	山开一入曷溪	（无）①	（无）
0480	扮	山开二去山帮	$p\tilde{\alpha}^{55}$	$p\tilde{\alpha}^{55}$
0481	办	山开二去山並	$b\tilde{\alpha}^{24}$	$b\tilde{\alpha}^{24}$
0482	铲	山开二上山初	$ts^h\tilde{\alpha}^{53}$	ts^han^{53}
0483	山	山开二平山生	$s\tilde{\alpha}^{534}$	$s\tilde{\alpha}^{534}$
0484	产~妇	山开二上山生	$\varphi y\alpha^{55}$	$\varphi y\alpha^{53}$
0485	间房~,一~房	山开二平山见	$k\tilde{\alpha}^{534}$	$k\tilde{\alpha}^{534}$
0486	眼	山开二上山疑	$\eta\tilde{\alpha}^{243}$	$\eta\tilde{\alpha}^{243}$
0487	限	山开二上山匣	$\tilde{\alpha}^{243}$	$\tilde{\alpha}^{243}$
0488	八	山开二入黠帮	pia^{423}	pia^{423}
0489	扎	山开二入黠庄	tsa^{423}	tsa^{423}
0490	杀	山开二入黠生	$\varphi y\alpha^{423}$	$\varphi y\alpha^{423}$
0491	班	山开二平删帮	$p\tilde{\alpha}^{534}$	$p\tilde{\alpha}^{534}$
0492	板	山开二上删帮	$p\tilde{\alpha}^{53}$	$p\tilde{\alpha}^{53}$
0493	慢	山开二去删明	$m\alpha^{243}$	$m\tilde{\alpha}^{243}$
0494	奸	山开二平删见	$k\tilde{\alpha}^{534}$	$k\tilde{\alpha}^{534}$
0495	颜	山开二平删疑	$\eta\tilde{\alpha}^{113}$	$\eta\tilde{\alpha}^{113}$
0496	瞎	山开二入辖晓	φia^{423}	φia^{423}
0497	变	山开三去仙帮	$pi\tilde{e}^{55}$	$pi\tilde{e}^{55}$
0498	骗欺~	山开三去仙滂	$p^hi\tilde{e}^{55}$	$p^hi\tilde{e}^{55}$

---

① "渴"浦江方言说"口燥 $k^h\gamma^{55}so^0$"。

编号	单字	音韵地位	老男音	青男音
0499	便方～	山开三去仙並	bi$\widetilde{e}^{24}$	bi$\widetilde{e}^{24}$
0500	棉	山开三平仙明	mi$\widetilde{e}^{113}$	mi$\widetilde{e}^{113}$
0501	面～孔	山开三去仙明	mi$\widetilde{e}^{24}$	mi$\widetilde{e}^{24}$
0502	连	山开三平仙来	li$\widetilde{e}^{113}$	li$\widetilde{e}^{113}$
0503	剪	山开三上仙精	tsi$\widetilde{a}^{53}$	tsi$\widetilde{a}^{53}$
0504	浅	山开三上仙清	ts^{h}i$\widetilde{e}^{53}$	ts^{h}i$\widetilde{e}^{53}$
0505	钱	山开三平仙从	di$\widetilde{e}^{113}$	li$\widetilde{e}^{113}$铜～ dʑi$\widetilde{e}^{113}$～塘江;姓
0506	鲜	山开三平仙心	si$\widetilde{e}^{534}$～味 ɕian^{534}朝～	si$\widetilde{e}^{534}$～味 ɕian^{534}朝～
0507	线	山开三去仙心	s$\widetilde{\varepsilon}^{55}$	s$\widetilde{\varepsilon}^{55}$
0508	缠	山开三平仙澄	dzy$\widetilde{e}^{113}$	（无）
0509	战	山开三去仙章	ts$\widetilde{\varepsilon}^{55}$白 tsian^{55}文	tsian^{55}
0510	扇名词	山开三去仙书	s$\widetilde{\varepsilon}^{55}$	s$\widetilde{\varepsilon}^{55}$
0511	善	山开三上仙禅	zi$\widetilde{e}^{243}$	zyõ^{243}
0512	件	山开三上仙群	dʑi$\widetilde{e}^{243}$	dʑi$\widetilde{e}^{243}$
0513	延	山开三平仙以	ian^{113}～安	ian^{113}读字
0514	别～人	山开三入薛帮	biə^{232}	biə^{232}
0515	灭	山开三入薛明	miə^{232}	miə^{232}
0516	列	山开三入薛来	liə^{232}	liə^{232}
0517	撤	山开三入薛彻	ts^{h}iə^{423}	ts^{h}ə^{423}
0518	舌	山开三入薛船	dʑi^{243}	dʑi^{243}
0519	设	山开三入薛书	ɕyə^{423}	ɕyə^{423}
0520	热	山开三入薛日	n̠ʑi^{232}	n̠ʑi^{232}

续表

编号	单　字	音韵地位	老男音	青男音
0521	杰	山开三入薛群	dʑiə²³²	dʑiə²³²
0522	孽	山开三入薛疑	ȵi²³²	ȵi²³²
0523	建	山开三去元见	tɕiẽ⁵⁵	tɕiẽ⁵⁵
0524	健	山开三去元群	dʑian²⁴³	dʑian²⁴
0525	言	山开三平元疑	ȵian¹¹³	ian¹¹³ 读字
0526	歇	山开三入月晓	ɕi⁴²³	ɕi⁴²³
0527	扁	山开四上先帮	piẽ⁵³	piẽ⁵³
0528	片	山开四去先滂	pʰiẽ⁵⁵	pʰiẽ⁵⁵
0529	面~条	山开四去先明	miẽ²⁴	miẽ²⁴
0530	典	山开四上先端	tiɑ̃⁵³	tiɑ̃⁵³
0531	天	山开四平先透	tʰiɑ̃⁵³⁴	tʰiɑ̃⁵³⁴
0532	田	山开四平先定	diɑ̃¹¹³	diɑ̃¹¹³
0533	垫	山开四去先定	diɑ̃²⁴	diɑ̃²⁴
0534	年	山开四平先泥	ȵiɑ̃¹¹³	ȵiɑ̃¹¹³
0535	莲	山开四平先来	liɑ̃¹¹³	liɑ̃¹¹³
0536	前	山开四平先从	ziɑ̃¹¹³	ziɑ̃¹¹³
0537	先	山开四平先心	ɕiɑ̃⁵³⁴ ~后 sɛ̃⁵³⁴ 教书~生	ɕiɑ̃⁵³⁴
0538	肩	山开四平先见	tɕiẽ⁵³⁴	tɕiẽ⁵³⁴
0539	见	山开四去先见	tɕiẽ⁵⁵	tɕiẽ⁵⁵
0540	牵	山开四平先溪	tɕʰiẽ⁵³⁴	tɕʰiẽ⁵³⁴
0541	显	山开四上先晓	ɕiẽ⁵³	ɕiẽ⁵³
0542	现	山开四去先匣	iɑ̃²⁴³	iɑ̃²⁴³
0543	烟	山开四平先影	iɑ̃⁵³⁴	iɑ̃⁵³⁴

编号	单　字	音韵地位	老男音	青男音
0544	㩧	山开四入屑滂	（无）	（无）
0545	篾	山开四入屑明	mi²³²	mi²⁴³
0546	铁	山开四入屑透	tʰia⁴²³	tʰia⁴²³
0547	捏	山开四入屑泥	ȵia²³²	ȵia²³²
0548	节	山开四入屑精	tsia⁴²³	tsia⁴²³
0549	切动词	山开四入屑清	tsʰia⁴²³	tsʰia⁴²³
0550	截	山开四入屑从	dzia²³²	dzia²³²
0551	结	山开四入屑见	tɕi⁴²³白 tɕiə⁴²³文	tɕi⁴²³白 tɕiə⁴²³文
0552	搬	山合一平桓帮	pə̃⁵³⁴	pə̃⁵³⁴
0553	半	山合一去桓帮	pə̃⁵⁵	pə̃⁵⁵
0554	判	山合一去桓滂	pʰə̃⁵⁵	pʰə̃⁵⁵
0555	盘	山合一平桓並	bə̃¹¹³	bə̃¹¹³
0556	满	山合一上桓明	mə̃²⁴³	mə̃²⁴³
0557	端～午	山合一平桓端	tə̃⁵³⁴	tə̃⁵³⁴
0558	短	山合一上桓端	tə̃⁵³	tə̃⁵³
0559	断绳～了	山合一上桓定	dən²⁴³	dən²⁴³
0560	暖	山合一上桓泥	lən²⁴³	lən²⁴³
0561	乱	山合一去桓来	lən²⁴	lən²⁴
0562	酸	山合一平桓心	sə̃⁵³⁴	sə̃⁵³⁴
0563	算	山合一去桓心	sə̃⁵⁵	sə̃⁵⁵
0564	官	山合一平桓见	kuɑ̃⁵³⁴	kuɑ̃⁵³⁴
0565	宽	山合一平桓溪	kʰuɑ̃⁵³⁴	kʰuɑ̃⁵³⁴
0566	欢	山合一平桓晓	xuɑ̃⁵³⁴	xuɑ̃⁵³⁴

续表

编号	单　字	音韵地位	老男音	青男音
0567	完	山合一平桓匣	uan¹¹³读字	（无）
0568	换	山合一去桓匣	uɑ̃²⁴	uɑ̃²⁴
0569	碗	山合一上桓影	uɑ̃⁵³	uɑ̃⁵³
0570	拨	山合一入末帮	puɯ⁴²³	puɯ⁴²³
0571	泼	山合一入末滂	pʰuɯ⁴²³	pʰuɯ⁴²³
0572	末	山合一入末明	muɯ²³²	muɯ²³²
0573	脱	山合一入末透	tʰə⁴²³	tʰə⁴²³
0574	夺	山合一入末定	də²³²	də²³²
0575	阔	山合一入末溪	kʰuɑ⁴²³	kʰuɑ⁴²³
0576	活	山合一入末匣	uɑ²³²	uɑ²³²
0577	顽～皮,～固	山合二平山疑	uan²⁴	uan²⁴³
0578	滑	山合二入黠匣	guə²³²	guə²³²
0579	挖	山合二入黠影	uɑ⁴²³	uɑ⁴²³
0580	闩	山合二平删生	ɕyẽ⁵³⁴	ɕyẽ⁵³⁴
0581	关～门	山合二平删见	kuɑ̃⁵³⁴	kuɑ̃⁵³⁴
0582	惯	山合二去删见	kuɑ̃⁵⁵	kuɑ̃⁵⁵
0583	还动词	山合二平删匣	uɑ̃¹¹³	uɑ̃¹¹³
0584	还副词	山合二平删匣	uɑ̃¹¹³	uɑ̃¹¹³
0585	弯	山合二平删影	uɑ̃⁵³⁴	uɑ̃⁵³⁴
0586	刷	山合二入辖生	ɕyə⁴²³	ɕyə⁴²³
0587	刮	山合二入辖见	kuɑ⁴²³	kuɑ⁴²³
0588	全	山合三平仙从	ziẽ¹¹³	ziẽ¹¹³
0589	选	山合三上仙心	sɛ̃⁵³	ɕyẽ⁵³
0590	转～眼,～送	山合三上仙知	tɕyẽ⁵³	tɕyẽ⁵³

续表

编号	单　字	音韵地位	老男音	青男音
0591	传~下来	山合三平仙澄	dʑyẽ¹¹³	dʑyẽ¹¹³
0592	传~记	山合三去仙澄	dʑyẽ²⁴	dʑyẽ²⁴
0593	砖	山合三平仙章	tɕyẽ⁵³⁴	tɕyẽ⁵³⁴
0594	船	山合三平仙船	ʑyẽ¹¹³	ʑyẽ¹¹³
0595	软	山合三上仙日	ȵyẽ²⁴³	ȵyẽ²⁴³
0596	卷~起	山合三上仙见	tɕyẽ⁵³	tɕyẽ⁵³
0597	圈圆~	山合三平仙溪	tɕʰyẽ⁵³⁴	tɕʰyẽ⁵³⁴
0598	权	山合三平仙群	dʑyẽ¹¹³	dʑyẽ¹¹³
0599	圆	山合三平仙云	yẽ¹¹³	yẽ¹¹³
0600	院	山合三去仙云	yẽ²⁴	yẽ²⁴
0601	铅~笔	山合三平仙以	kʰã⁵³⁴	kʰã⁵³⁴
0602	绝	山合三入薛从	dziə²³²	dziə²³²
0603	雪	山合三入薛心	si⁴²³	si⁴²³
0604	反	山合三上元非	fã⁵³	fã⁵³
0605	翻	山合三平元敷	fã⁵³⁴	fã⁵³⁴
0606	饭	山合三去元奉	vã²⁴	vã²⁴
0607	晚	山合三上元微	mã²⁴白 uan⁵³文	mã²⁴³白 uan²⁴³文
0608	万麻将牌	山合三去元微	mɑ²⁴	mã²⁴
0609	劝	山合三去元溪	tɕʰyẽ⁵⁵	tɕʰyẽ⁵⁵
0610	原	山合三平元疑	yẽ¹¹³	yẽ¹¹³
0611	冤	山合三平元影	yẽ⁵³⁴	yẽ⁵³⁴
0612	园	山合三平元云	yẽ¹¹³	yẽ¹¹³
0613	远	山合三上元云	yẽ²⁴³	yẽ²⁴³

续表

编号	单 字	音韵地位	老男音	青男音
0614	发头~	山合三入月非	fɑ⁴²³	fɑ⁴²³
0615	罚	山合三入月奉	vɑ²³²	vɑ²³²
0616	袜	山合三入月微	miɑ²³²	miɑ²³²
0617	月	山合三入月疑	n̠yi²³²	n̠i²³²
0618	越	山合三入月云	yə²³²	yə²³²
0619	县	山合四去先匣	yẽ²⁴	yẽ²⁴
0620	决	山合四入屑见	tɕyə⁴²³	tɕyə⁴²³
0621	缺	山合四入屑溪	tɕʰyə⁴²³	tɕʰyə⁴²³
0622	血	山合四入屑晓	ɕyi⁴²³	ɕyi⁴²³
0623	吞	臻开一平痕透	tʰə̃⁵³⁴	tʰə̃⁵³⁴
0624	根	臻开一平痕见	kən⁵³⁴	kən⁵³⁴
0625	恨	臻开一去痕匣	ən²⁴	ən²⁴
0626	恩	臻开一平痕影	ən⁵³⁴	ən⁵³⁴
0627	贫	臻开三平真并	biən¹¹³	bin¹¹³
0628	民	臻开三平真明	miən¹¹³	min¹¹³
0629	邻	臻开三平真来	liən¹¹³	lin¹¹³
0630	进	臻开三去真精	tsiən⁵⁵	tsin⁵⁵
0631	亲~人	臻开三平真清	tsʰiən⁵³⁴	tsʰin⁵³⁴
0632	新	臻开三平真心	sən⁵³⁴	sən⁵³⁴
0633	镇	臻开三去真知	tsən⁵⁵	tsən⁵⁵
0634	陈	臻开三平真澄	dzən¹¹³	dzən¹¹³
0635	震	臻开三去真章	tsən⁵⁵	tsən⁵⁵
0636	神	臻开三平真船	zən¹¹³	zən¹¹³
0637	身	臻开三平真书	sən⁵³⁴	sən⁵³⁴

续表

编号	单　字	音韵地位	老男音	青男音
0638	辰	臻开三平真禅	zən¹¹³	dzən¹¹³
0639	人	臻开三平真日	ȵiən¹¹³白 ziən¹¹³文	ȵin¹¹³
0640	认	臻开三去真日	ȵiən²⁴	ȵin²⁴
0641	紧	臻开三上真见	tɕiən⁵³	tɕin⁵³
0642	银	臻开三平真疑	ȵiən¹¹³	ȵin¹¹³
0643	印	臻开三去真影	iən⁵⁵	in⁵⁵
0644	引	臻开三上真以	iən²⁴³	in²⁴³
0645	笔	臻开三入质帮	piə⁴²³	piə⁴²³
0646	匹	臻开三入质滂	pʰi⁵⁵	pʰi⁵⁵
0647	密	臻开三入质明	miə²³²	miə²³²
0648	栗	臻开三入质来	liə²³²	liə²³²
0649	七	臻开三入质清	tsʰə⁴²³	tsʰə⁴²³
0650	佚	臻开三入质澄	（无）①	（无）
0651	虱	臻开三入质生	sə⁴²³	sə⁴²³
0652	实	臻开三入质船	zə²³²	zə²³²
0653	失	臻开三入质书	sə⁴²³	sə⁴²³
0654	日	臻开三入质日	ȵiə²³²	ȵiə²³²
0655	吉	臻开三入质见	tɕiə⁴²³	tɕiə⁴²³
0656	一	臻开三入质影	iə⁴²³	iə⁴²³
0657	筋	臻开三平殷见	tɕiən⁵³⁴	tɕin⁵³⁴
0658	劲有~	臻开三去殷见	dʑiən²⁴³	dʑin²⁴³
0659	勤	臻开三平殷群	dʑiən¹¹³	dʑin¹¹³

① "佚子"浦江方言说"孙 sə̃⁵³⁴"。

续表

编号	单　字	音韵地位	老男音	青男音
0660	近	臻开三上殷群	dʑiən²⁴³	dʑin²⁴³
0661	隐	臻开三上殷影	iən⁵³	in⁵³
0662	本	臻合一上魂帮	pən⁵³	pən⁵³
0663	盆	臻合一平魂並	bən¹¹³	bən¹¹³
0664	门	臻合一平魂明	mən¹¹³	mən¹¹³
0665	墩	臻合一平魂端	tən⁵⁵	tən⁵⁵
0666	嫩	臻合一去魂泥	nə̃²⁴	nə̃²⁴
0667	村	臻合一平魂清	tsʰə̃⁵³⁴	tsʰə̃⁵³⁴
0668	寸	臻合一去魂清	tsʰə̃⁵⁵	tsʰə̃⁵⁵
0669	蹲	臻合一平魂从	（无）①	（无）
0670	孙~子	臻合一平魂心	sə̃⁵³⁴	sə̃⁵³⁴
0671	滚	臻合一上魂见	kuən⁵³	kuən⁵³
0672	困	臻合一去魂溪	kʰuən⁵⁵	kʰuən⁵⁵
0673	婚	臻合一平魂晓	xuən⁵³⁴	xuən⁵³⁴
0674	魂	臻合一平魂匣	uən¹¹³	uən¹¹³
0675	温	臻合一平魂影	uən⁵³⁴	uən⁵³⁴
0676	卒棋子	臻合一入没精	tsə⁴²³	tsə⁴²³
0677	骨	臻合一入没见	kuə⁴²³	kuə⁴²³
0678	轮	臻合三平谆来	liən¹¹³ ~着。白 lən¹¹³ 文	lin¹¹³ ~着。白 lən¹¹³ 文
0679	俊	臻合三去谆精	tsiən⁵⁵	tɕyən⁵³
0680	笋	臻合三上谆心	sən⁵³	sən⁵³
0681	准	臻合三上谆章	tɕyən⁵³	tɕyən⁵³

① "蹲"浦江方言说"沟＝kɤ⁵³⁴"。

续表

编号	单 字	音韵地位	老男音	青男音
0682	春	臻合三平谆昌	tɕʰyən⁵³⁴	tɕʰyən⁵³⁴
0683	唇	臻合三平谆船	（无）①	（无）
0684	顺	臻合三去谆船	zyən²⁴	zyən²⁴
0685	纯	臻合三平谆禅	zyən¹¹³	zyən¹¹³
0686	闰	臻合三去谆日	zyən²⁴	zyən¹¹³
0687	均	臻合三平谆见	tɕyən⁵³⁴	tɕyən⁵³⁴
0688	匀	臻合三平谆以	yən¹¹³	yən¹¹³
0689	律	臻合三入术来	liə²³²	liə²³²
0690	出	臻合三入术昌	tɕʰyə⁴²³	tɕʰyə⁴²³
0691	橘	臻合三入术见	tɕyə⁴²³	tɕyə⁴²³
0692	分动词	臻合三平文非	fən⁵³⁴	fən⁵³⁴
0693	粉	臻合三上文非	fən⁵³	fən⁵³
0694	粪	臻合三去文非	pə̃⁵⁵	pə̃⁵⁵
0695	坟	臻合三平文奉	vən¹¹³	vən¹¹³
0696	蚊	臻合三平文微	mən¹¹³	mən¹¹³
0697	问	臻合三去文微	vən²⁴读字	vən²⁴³读字
0698	军	臻合三平文见	tɕyən⁵³⁴	tɕyən⁵³⁴
0699	裙	臻合三平文群	dʑyən¹¹³	dʑyən¹¹³
0700	熏	臻合三平文晓	ɕyən⁵³⁴	ɕyən⁵³⁴
0701	云~彩	臻合三平文云	yən¹¹³	yən¹¹³
0702	运	臻合三去文云	yən²⁴	yən²⁴
0703	佛~像	臻合三入物奉	və²³²	və²³²

---

① "嘴唇"浦江方言方言说"口母＝皮 kʰɤ³³ m³³ bi²⁴³"。

续表

编号	单　字	音韵地位	老男音	青男音
0704	物	臻合三入物微	və²³²	və²³²
0705	帮	宕开一平唐帮	pə̃⁵³⁴旧 põ⁵³⁴新	põ⁵³⁴
0706	忙	宕开一平唐明	mõ̃¹¹³	mõ̃¹¹³
0707	党	宕开一上唐端	tõ̃⁵³	tõ̃⁵³
0708	汤	宕开一平唐透	tʰõ̃⁵³⁴	tʰõ̃⁵³⁴
0709	糖	宕开一平唐定	dõ̃¹¹³	dõ̃¹¹³
0710	浪	宕开一去唐来	lõ̃²⁴	lõ̃²⁴³
0711	仓	宕开一平唐清	tsʰõ̃⁵³⁴	tsʰõ̃⁵³⁴
0712	钢名词	宕开一平唐见	kõ̃⁵³⁴	kõ̃⁵³⁴
0713	糠	宕开一平唐溪	kʰõ̃⁵³⁴	kʰõ̃⁵³⁴
0714	薄形容词	宕开一入铎并	bo²³²	bo²³²
0715	摸	宕开一入铎明	mo²³²	mo²³²
0716	托	宕开一入铎透	tʰo⁴²³	tʰo⁴²³
0717	落	宕开一入铎来	lo²³²	lo²³²
0718	作	宕开一入铎精	tso⁴²³	tso⁴²³
0719	索	宕开一入铎心	so⁴²³	so⁴²³
0720	各	宕开一入铎见	ko⁴²³	ko⁴²³
0721	鹤	宕开一入铎匣	ŋo²³²	ŋo²³²
0722	恶形容词,入声	宕开一入铎影	o⁴²³	o⁴²³
0723	娘	宕开三平阳泥	ȵyõ̃¹¹³	ȵyõ̃¹¹³
0724	两斤~	宕开三上阳来	lyõ̃²⁴³	lyõ̃²⁴³
0725	亮	宕开三去阳来	lyõ̃²⁴	lyõ̃²⁴
0726	浆	宕开三平阳精	tsyõ̃⁵³⁴	tsyõ̃⁵³⁴

编号	单字	音韵地位	老男音	青男音
0727	抢	宕开三上阳清	$\text{ts}^\text{h}\text{y}\tilde{\text{o}}^{53}$	$\text{ts}^\text{h}\text{y}\tilde{\text{o}}^{53}$
0728	匠	宕开三去阳从	$\text{zy}\tilde{\text{o}}^{24}$	$\text{y}\tilde{\text{o}}^{24}$
0729	想	宕开三上阳心	$\text{ɕy}\tilde{\text{o}}^{53}$	$\text{ɕy}\tilde{\text{o}}^{53}$
0730	像	宕开三上阳邪	$\text{zy}\tilde{\text{o}}^{243}$	$\text{zy}\tilde{\text{o}}^{243}$
0731	张量词	宕开三平阳知	$\text{tsy}\tilde{\text{o}}^{534}$	$\text{tsy}\tilde{\text{o}}^{534}$
0732	长~短	宕开三平阳澄	$\text{dzy}\tilde{\text{o}}^{113}$	$\text{dzy}\tilde{\text{o}}^{113}$
0733	装	宕开三平阳庄	$\text{tɕy}\tilde{\text{o}}^{534}$白 $\text{ts}\tilde{\text{o}}^{534}$文	$\text{tɕy}\tilde{\text{o}}^{534}$白 $\text{ts}\tilde{\text{o}}^{534}$文
0734	壮	宕开三去阳庄	$\text{tɕy}\tilde{\text{o}}^{55}$	$\text{tɕy}\tilde{\text{o}}^{55}$
0735	疮	宕开三平阳初	$\text{tɕ}^\text{h}\text{y}\tilde{\text{o}}^{534}$	$\text{tɕ}^\text{h}\text{y}\tilde{\text{o}}^{534}$
0736	床	宕开三平阳崇	$\text{zy}\tilde{\text{o}}^{113}$	$\text{zy}\tilde{\text{o}}^{113}$
0737	霜	宕开三平阳生	$\text{ɕy}\tilde{\text{o}}^{534}$	$\text{ɕy}\tilde{\text{o}}^{534}$
0738	章	宕开三平阳章	$\text{tsy}\tilde{\text{o}}^{534}$	$\text{tsy}\tilde{\text{o}}^{534}$
0739	厂	宕开三上阳昌	$\text{ts}^\text{h}\text{y}\tilde{\text{o}}^{53}$	$\text{ts}^\text{h}\text{y}\tilde{\text{o}}^{53}$
0740	唱	宕开三去阳昌	$\text{ts}^\text{h}\text{y}\tilde{\text{o}}^{55}$	$\text{ts}^\text{h}\text{y}\tilde{\text{o}}^{55}$
0741	伤	宕开三平阳书	$\text{ɕy}\tilde{\text{o}}^{534}$	$\text{ɕy}\tilde{\text{o}}^{534}$
0742	尝	宕开三平阳禅	$\text{zy}\tilde{\text{o}}^{113}$	$\text{zy}\tilde{\text{o}}^{113}$
0743	上~去	宕开三上阳禅	$\text{zy}\tilde{\text{o}}^{243}$	$\text{zy}\tilde{\text{o}}^{243}$
0744	让	宕开三去阳日	$\text{y}\tilde{\text{o}}^{24}$	$\text{y}\tilde{\text{o}}^{24}$
0745	姜生~	宕开三平阳见	$\text{tɕy}\tilde{\text{o}}^{534}$	$\text{tɕy}\tilde{\text{o}}^{534}$
0746	响	宕开三上阳晓	$\text{ɕy}\tilde{\text{o}}^{53}$	$\text{ɕy}\tilde{\text{o}}^{53}$
0747	向	宕开三去阳晓	$\text{ɕy}\tilde{\text{o}}^{55}$	$\text{ɕy}\tilde{\text{o}}^{55}$
0748	秧	宕开三平阳影	$\text{y}\tilde{\text{o}}^{534}$	$\text{y}\tilde{\text{o}}^{534}$
0749	痒	宕开三上阳以	$\text{y}\tilde{\text{o}}^{243}$	$\text{y}\tilde{\text{o}}^{243}$

续表

编号	单　字	音韵地位	老男音	青男音
0750	样	宕开三去阳以	yõ^{24}	yõ^{24}
0751	雀	宕开三入药精	tsʰyo^{53}孔~	tsʰyo^{53}孔~
0752	削	宕开三入药心	ɕyo^{423}	ɕyo^{423}
0753	着火~了	宕开三入药知	dzyo^{232}	dzyo^{232}
0754	勺	宕开三入药禅	ʑyo^{232}	yo^{232}
0755	弱	宕开三入药日	ʑyo^{232}	ʑyo^{232}
0756	脚	宕开三入药见	tɕyo^{423}	tɕyo^{423}
0757	约	宕开三入药影	yo^{423}	yo^{423}
0758	药	宕开三入药以	yo^{232}	yo^{232}
0759	光~线	宕合一平唐见	kõ^{534}	kõ^{534}
0760	慌	宕合一平唐晓	xõ^{534}	xõ^{534}
0761	黄	宕合一平唐匣	õ^{113}	õ^{113}
0762	郭	宕合一入铎见	ko^{423}	ko^{423}
0763	霍	宕合一入铎晓	xo^{53}	xo^{423}
0764	方	宕合三平阳非	fõ^{534}	fõ^{534}
0765	放	宕合三去阳非	fõ^{55}	fõ^{55}
0766	纺	宕合三上阳敷	fõ^{53}	fan^{53}
0767	房	宕合三平阳奉	võ^{113}	võ^{113}
0768	防	宕合三平阳奉	võ^{113}	võ^{113}
0769	网	宕合三上阳微	mo^{243}	mo^{243}
0770	筐	宕合三平阳溪	（无）①	（无）
0771	狂	宕合三平阳群	gõ^{113}	guan^{113}
0772	王	宕合三平阳云	õ^{113}	õ^{113}

---

①　"箩筐"浦江方言说"麻＝篮＝儿 mia^{24}lãn^{334}"。

续表

编号	单 字	音韵地位	老男音	青男音
0773	旺	宕合三去阳云	$\tilde{o}^{24}$	$\tilde{o}^{24}$
0774	缚	宕合三入药奉	bo^{232}	bo^{232}
0775	绑	江开二上江帮	$p\tilde{o}^{53}$	$p\tilde{o}^{53}$
0776	胖	江开二去江滂	$p^{h}\tilde{o}^{55}$白 $p^{h}an^{55}$文	$p^{h}\tilde{o}^{55}$白 $p^{h}an^{55}$文
0777	棒	江开二上江並	ban^{243}～冰	ban^{243}～冰。还有"～儿:$b\tilde{o}m^{243}$"
0778	桩	江开二平江知	$t\varphi y\tilde{o}^{534}$	$t\varphi y\tilde{o}^{534}$
0779	撞	江开二去江澄	$d\ʐy\tilde{o}^{24}$	$d\ʐy\tilde{o}^{24}$
0780	窗	江开二平江初	（无）①	（无）
0781	双	江开二平江生	$\varphi y\tilde{o}^{534}$	$\varphi y\tilde{o}^{534}$
0782	江	江开二平江见	$k\tilde{o}^{534}$	$k\tilde{o}^{534}$
0783	讲	江开二上江见	$k\tilde{o}^{53}$	$k\tilde{o}^{53}$
0784	降投~	江开二平江匣	$y\tilde{o}^{113}$	$y\tilde{o}^{113}$
0785	项	江开二上江匣	$\tilde{o}^{243}$白 an^{243}文	$\tilde{o}^{243}$白 an^{243}文
0786	剥	江开二入觉帮	po^{423}	po^{423}
0787	桌	江开二入觉知	$t\varphi yo^{423}$	$t\varphi yo^{423}$
0788	镯	江开二入觉崇	$d\ʐy\ɯ^{232}$	yo^{243}
0789	角	江开二入觉见	ko^{423}	ko^{423}
0790	壳	江开二入觉溪	$k^{h}o^{423}$	$k^{h}o^{423}$
0791	学	江开二入觉匣	o^{232}白 yo^{232}文	o^{232}白 yo^{232}文
0792	握	江开二入觉影	$\ɯ^{55}$～手	$\ɯ^{423}$

① "窗户"浦江方言说"牎 $k^{h}\tilde{a}^{53}$"。《广韵》上声豏韵苦减切:"牎也。一曰小户。"参看曹志耘、秋谷裕幸主编(2016:33)。

续表

编号	单字	音韵地位	老男音	青男音
0793	朋	曾开一平登並	bən^{113}	bən^{113}
0794	灯	曾开一平登端	tən^{534}	tən^{534}
0795	等	曾开一上登端	tən^{53}	tən^{53}
0796	凳	曾开一去登端	tən^{55}	tən^{55}
0797	藤	曾开一平登定	diən^{113}	din^{113}
0798	能	曾开一平登泥	lən^{113}	nən^{113}
0799	层	曾开一平登从	zən^{113}	zən^{113}
0800	僧	曾开一平登心	sən^{534}	sən^{534}
0801	肯	曾开一上登溪	kʰən^{53}	kʰən^{53}
0802	北	曾开一入德帮	pə^{423}	pə^{423}
0803	墨	曾开一入德明	mə^{232}	mə^{232}
0804	得	曾开一入德端	tə^{423}	tə^{423}
0805	特	曾开一入德定	də^{232}	də^{232}
0806	贼	曾开一入德从	zə^{232}	zə^{232}
0807	塞	曾开一入德心	sɛ^{423}	sɛ^{423}
0808	刻	曾开一入德溪	kʰə^{423}	kʰə^{423}
0809	黑	曾开一入德晓	xə^{423}	xə^{423}
0810	冰	曾开三平蒸帮	piən^{534}	pin^{534}
0811	证	曾开三去蒸章	tsiən^{55}	tsin^{55}
0812	秤	曾开三去蒸昌	tsʰiən^{55}	tsʰin^{55}
0813	绳	曾开三平蒸船	ziən^{113}	zin^{113}
0814	剩	曾开三去蒸船	ziən^{24}	zin^{24}
0815	升	曾开三平蒸书	siən^{534}	sin^{534}
0816	兴高~	曾开三去蒸晓	ɕiən^{55}	ɕin^{55}

编号	单　字	音韵地位	老男音	青男音
0817	蝇	曾开三平蒸以	ɕiən⁵³⁴	ɕin⁵³⁴
0818	逼	曾开三入职帮	pɛ⁴²³	pɛ⁴²³
0819	力	曾开三入职来	lɛ²³²	lɛ²³²
0820	息	曾开三入职心	sɛ⁴²³	sɛ⁴²³
0821	直	曾开三入职澄	dzɛ²³²	dzɛ²³²
0822	侧	曾开三入职庄	tsɛ⁴²³白 tsʰə⁴²³文	tsɛ⁴²³白 tsʰə⁴²³文
0823	测	曾开三入职初	tsʰə⁴²³	tsʰə⁴²³
0824	色	曾开三入职生	sə⁴²³	sə⁴²³
0825	织	曾开三入职章	tsɛ⁴²³	tsɛ⁴²³
0826	食	曾开三入职船	zɛ²³²	zɛ²³²
0827	式	曾开三入职书	sɛ⁴²³	sɛ⁴²³
0828	极	曾开三入职群	dʑiə²³²	dʑiə²³²
0829	国	曾合一入德见	kuə⁴²³	kuə⁴²³
0830	或	曾合一入德匣	uə²³²	uə²³²
0831	猛	梗开二上庚明	m ɛ̃²⁴³火旺。白 mon²⁴³文	m ɛ̃²⁴³火旺。白 mən²⁴³文
0832	打	梗开二上庚端	n ɛ̃⁵³	n ɛ̃⁵³
0833	冷	梗开二上庚来	n ɛ̃²⁴³	l ɛ̃²⁴³
0834	生	梗开二平庚生	s ɛ̃⁵³⁴	s ɛ̃⁵³⁴
0835	省~长	梗开二上庚生	s ɛ̃⁵³	s ɛ̃⁵³
0836	更三~,打~	梗开二平庚见	k ɛ̃⁵³⁴	k ɛ̃⁵³⁴
0837	梗	梗开二上庚见	kən⁵³读字	kən⁴²³~塞
0838	坑	梗开二平庚溪	kʰ ɛ̃⁵³⁴	kʰ ɛ̃⁵³⁴
0839	硬	梗开二去庚疑	ŋ ɛ̃²⁴	ŋ ɛ̃²⁴

续表

编号	单　字	音韵地位	老男音	青男音
0840	行~为,~走	梗开二平庚匣	iən^{113}	in^{113}
0841	百	梗开二入陌帮	pɑ^{55}	pɑ^{55}
0842	拍	梗开二入陌滂	pʰɑ^{423}~电影 pʰo^{53}~马屁	pʰɑ^{423}~电影 pʰo^{53}~马屁
0843	白	梗开二入陌並	bɑ^{232}	bɑ^{232}
0844	拆	梗开二入陌彻	tsʰɑ^{423}	tsʰɑ^{423}
0845	择	梗开二入陌澄	dzɑ^{232}	dzɑ^{232}
0846	窄	梗开二入陌庄	tsɑ^{55}~溪:地名	（无）
0847	格	梗开二入陌见	kɑ^{423}	kɑ^{423}
0848	客	梗开二入陌溪	kʰɑ^{423}	kʰɑ^{423}
0849	额	梗开二入陌疑	ŋɑ^{232}	ŋɑ^{243}~骨头:额头
0850	棚	梗开二平耕並	bon^{113}	bon^{113}
0851	争	梗开二平耕庄	tsɛ̃^{534}	tsɛ̃^{534}
0852	耕	梗开二平耕见	kɛ̃^{534}	kɛ̃^{534}
0853	麦	梗开二入麦明	mɑ^{232}	mɑ^{232}
0854	摘	梗开二入麦知	tsɑ^{423}	tsɑ^{423}
0855	策	梗开二入麦初	tsʰɑ^{423}	tsʰɑ^{423}
0856	隔	梗开二入麦见	kɑ^{423}	kɑ^{423}
0857	兵	梗开三平庚帮	piən^{534}	pin^{534}
0858	柄	梗开三去庚帮	piən^{55}	pin^{55}
0859	平	梗开三平庚並	biən^{113}	bin^{113}
0860	病	梗开三去庚並	biən^{24}	bin^{24}
0861	明	梗开三平庚明	mən^{113}~朝,~年 miən^{113}~白	mən^{113}~朝,~年 min^{113}~白
0862	命	梗开三去庚明	miən^{24}	min^{24}

续表

编号	单 字	音韵地位	老男音	青男音
0863	镜	梗开三去庚见	tɕiən⁵⁵	tɕin⁵⁵
0864	庆	梗开三去庚溪	tɕʰiən⁵⁵	tɕʰin⁵⁵
0865	迎	梗开三平庚疑	ȵiən¹¹³白 iən¹¹³文	ȵin¹¹³
0866	影	梗开三上庚影	iən⁵³	in⁵³
0867	剧戏~	梗开三入陌群	dziə²³²	dziə²³²
0868	饼	梗开三上清帮	piən⁵³	pin⁵³
0869	名	梗开三平清明	miən¹¹³	min¹¹³
0870	领	梗开三上清来	liən²⁴³	lin²⁴³
0871	井	梗开三上清精	tsiən⁵³	tsin⁵³
0872	清	梗开三平清清	tsʰiən⁵³⁴	tsʰin⁵³⁴
0873	静	梗开三上清从	ziən²⁴³	zin²⁴³
0874	姓	梗开三去清心	siən⁵⁵	sin⁵⁵
0875	贞	梗开三平清知	tsən⁵³⁴	tsən⁵³⁴
0876	程	梗开三平清澄	dziən¹¹³	dzin¹¹³
0877	整	梗开三上清章	tsiən⁵³	tsin⁵³
0878	正~反	梗开三去清章	tsiən⁵⁵	tsin⁵⁵
0879	声	梗开三平清书	siən⁵³⁴	sin⁵³⁴
0880	城	梗开三平清禅	ziən¹¹³白 dziən¹¹³文	zin¹¹³白 dzin¹¹³文
0881	轻	梗开三平清溪	tɕʰiən⁵³⁴	tɕʰin⁵³⁴
0882	赢	梗开三平清以	yən¹¹³	yən¹¹³
0883	积	梗开三入昔精	tsiə⁴²³	tsiə⁴²³
0884	惜	梗开三入昔心	sɛ⁵³	sɛ⁵³

续表

编号	单 字	音韵地位	老男音	青男音
0885	席	梗开三入昔邪	zɛ²³²白 ʑiə²³²文	zɛ²³²白 iə⁵³文
0886	尺	梗开三入昔昌	tsʰɛ⁴²³	tsʰɛ⁴²³
0887	石	梗开三入昔禅	zɛ²³²	zɛ²³²
0888	益	梗开三入昔影	iə⁴²³	iə⁴²³
0889	瓶	梗开四平青並	biən¹¹³	bin¹¹³
0890	钉名词	梗开四平青端	tiən⁵³⁴	tin⁵³⁴
0891	顶	梗开四上青端	tiən⁵³	tin⁵³
0892	厅	梗开四平青透	tʰiən⁵³⁴	tʰin⁵³⁴
0893	听～见	梗开四平青透	tʰiən⁵⁵	tʰin⁵⁵
0894	停	梗开四平青定	diən¹¹³	din¹¹³
0895	挺	梗开四上青定	tʰiən⁵³	tʰin⁵³
0896	定	梗开四去青定	diən²⁴	din²⁴
0897	零	梗开四平青来	liən¹¹³	lin¹¹³
0898	青	梗开四平青清	tsʰiən⁵³⁴	tsʰin⁵³⁴
0899	星	梗开四平青心	siən⁵³⁴	sin⁵³⁴
0900	经	梗开四平青见	tɕiən⁵³⁴	tɕin⁵³⁴
0901	形	梗开四平青匣	iən¹¹³	in¹¹³
0902	壁	梗开四入锡帮	pɛ⁴²³	pɛ⁴²³
0903	劈	梗开四入锡滂	（无）	（无）
0904	踢	梗开四入锡透	tʰɛ⁴²³	tʰɛ⁴²³
0905	笛	梗开四入锡定	（无）①	（无）
0906	历衣～	梗开四入锡来	liə²³²	liə²³²

---

① 浦江方言只有小称音"笛儿 dɤn²³²"。

续表

编号	单 字	音韵地位	老男音	青男音
0907	锡	梗开四入锡心	$\varphi i\vartheta^{423}$	$\varphi i\vartheta^{423}$
0908	击	梗开四入锡见	$t\varphi i\vartheta^{423}$	$t\varphi i\vartheta^{423}$
0909	吃	梗开四入锡溪	$t\varphi^{h}i\vartheta^{423}$	$t\varphi^{h}i\vartheta^{423}$
0910	横~竖	梗合二平庚匣	$u\tilde{\varepsilon}^{113}$	$u\tilde{\varepsilon}^{113}$
0911	划计~	梗合二入麦匣	ua^{113}	ua^{113}
0912	兄	梗合三平庚晓	φyon^{534}	φyon^{534}
0913	荣	梗合三平庚云	yon^{113}	lon^{113}
0914	永	梗合三上庚云	$y\vartheta n^{243}$	$y\vartheta n^{232}$
0915	营	梗合三平清以	$i\vartheta n^{113}$	in^{113}
0916	蓬~松	通合一平东并	bon^{113}莲~,一~草	bon^{113}莲~,一~草
0917	东	通合一平东端	$t\vartheta n^{534}$	$t\vartheta n^{534}$
0918	懂	通合一上东端	$t\vartheta n^{53}$	$t\vartheta n^{53}$
0919	冻	通合一去东端	$t\vartheta n^{55}$	$t\vartheta n^{55}$
0920	通	通合一平东透	$t^{h}\vartheta n^{534}$	$t^{h}\vartheta n^{534}$
0921	桶	通合一上东透	$d\vartheta n^{243}$	$d\vartheta n^{243}$
0922	痛	通合一去东透	$t^{h}\vartheta n^{55}$	$t^{h}\vartheta n^{55}$
0923	铜	通合一平东定	$d\vartheta n^{113}$	$d\vartheta n^{113}$
0924	动	通合一上东定	$d\vartheta n^{243}$	$d\vartheta n^{243}$
0925	洞	通合一去东定	$d\vartheta n^{24}$	$d\vartheta n^{24}$
0926	聋	通合一平东来	$l\vartheta n^{113}$	$l\vartheta n^{113}$
0927	弄	通合一去东来	$l\vartheta n^{24}$	$l\vartheta n^{24}$
0928	粽	通合一去东精	$ts\vartheta n^{55}$	$ts\vartheta n^{55}$
0929	葱	通合一平东清	$ts^{h}\vartheta n^{534}$	$ts^{h}\vartheta n^{534}$
0930	送	通合一去东心	$s\vartheta n^{55}$	$s\vartheta n^{55}$

续表

编号	单 字	音韵地位	老男音	青男音
0931	公	通合一平东见	kon^{534}	kon^{534}
0932	孔	通合一上东溪	k^{h}on^{53}	k^{h}on^{53}
0933	烘~干	通合一平东晓	xon^{534}	xon^{534}
0934	红	通合一平东匣	on^{113}	on^{113}
0935	翁	通合一平东影	on^{534}	uən^{534}
0936	木	通合一入屋明	mɯ^{232}旧 mə^{232}新	mə^{232}
0937	读	通合一入屋定	dɯ^{232}	dɯ^{232}
0938	鹿	通合一入屋来	lɯ^{232}	lɯ^{232}
0939	族	通合一入屋从	dzɯ^{113}	dzɯ^{113}
0940	谷稻~	通合一入屋见	kɯ^{423}	kɯ^{423}
0941	哭	通合一入屋溪	k^{h}ɯ^{423}	k^{h}ɯ^{423}
0942	屋	通合一入屋影	ɯ^{423}	ɯ^{423}
0943	冬~至	通合一平冬端	tən^{534}	tən^{534}
0944	统	通合一去冬透	t^{h}ən^{53}	t^{h}ən^{53}
0945	脓	通合一平冬泥	lən^{24}	lən^{24}
0946	松~紧	通合一平冬心	sən^{534}	sən^{534}
0947	宋	通合一去冬心	sən^{55}	sən^{55}
0948	毒	通合一入沃定	dɯ^{232}	dɯ^{232}
0949	风	通合三平东非	fon^{534}	fon^{534}
0950	丰	通合三平东敷	fon^{534}	fən^{534}
0951	凤	通合三去东奉	von^{24}	von^{24}
0952	梦	通合三去东明	mon^{24}	mon^{24}
0953	中当~	通合三平东知	tɕyon^{534}	tɕyon^{534}

续表

编号	单　字	音韵地位	老男音	青男音
0954	虫	通合三平东澄	dʑyon¹¹³	dʑyon¹¹³
0955	终	通合三平东章	tɕyon⁵³⁴	tɕyon⁵³⁴
0956	充	通合三平东昌	tɕʰyon⁵³⁴	tɕʰyon⁵³⁴
0957	宫	通合三平东见	kon⁵³⁴	kon⁵³⁴
0958	穷	通合三平东群	dʑyon¹¹³	dʑyon¹¹³
0959	熊	通合三平东云	yon¹¹³	yon¹¹³
0960	雄	通合三平东云	yon¹¹³	yon¹¹³
0961	福	通合三入屋非	fɯ⁴²³	fə⁴²³
0962	服	通合三入屋奉	vɯ²³²	və²³²
0963	目	通合三入屋明	mɯ²³²	mə²³²
0964	六	通合三入屋来	lɯ²³²	lɯ²³²
0965	宿住~,~舍	通合三入屋心	sɯ⁴²³	sɯ⁴²³
0966	竹	通合三入屋知	tɕyɯ⁴²³	tɕyɯ⁴²³
0967	畜~生	通合三入屋彻	tɕʰyɯ⁴²³	（无）
0968	缩	通合三入屋生	ɕyo⁴²³	ɕyo⁴²³
0969	粥	通合三入屋章	tɕyɯ⁴²³	tɕyɯ⁴²³
0970	叔	通合三入屋书	ɕyɯ⁴²³	ɕyɯ⁴²³
0971	熟	通合三入屋禅	ʑyɯ²³²	ʑyɯ²³²
0972	肉	通合三入屋日	ȵyɯ²³²	ȵyɯ²³²
0973	菊	通合三入屋见	tɕyɯ⁴²³	tɕyɯ⁴²³
0974	育	通合三入屋以	yɯ⁴²³	yɯ⁴²³
0975	封	通合三平钟非	fon⁵³⁴	fon⁵³⁴
0976	蜂	通合三平钟敷	fon⁵³⁴	fon⁵³⁴
0977	缝一条~	通合三去钟奉	von²⁴	von²⁴

续表

编号	单字	音韵地位	老男音	青男音
0978	浓	通合三平钟泥	yon¹¹³	yon¹¹³
0979	龙	通合三平钟来	lən¹¹³	lən¹¹³
0980	松~树	通合三平钟邪	zən¹¹³	zən¹¹³
0981	重轻~	通合三上钟澄	dʑyon²⁴³	dʑyon²⁴³
0982	肿	通合三上钟章	tɕyon⁵³	tɕyon⁵³
0983	种~树	通合三去钟章	tɕyon⁵⁵	tɕyon⁵⁵
0984	冲	通合三平钟昌	tɕʰyon⁵³	tɕʰyon⁵³
0985	恭	通合三平钟见	kon⁵³⁴	kon⁵³⁴
0986	共	通合三去钟群	dʑyon²⁴白 gon²⁴文	dʑyon²⁴白 gon²⁴文
0987	凶吉~	通合三平钟晓	ɕyon⁵³⁴	ɕyon⁵³⁴
0988	拥	通合三上钟影	yon⁵³	yon⁵³
0989	容	通合三平钟以	yon¹¹³	yon¹¹³
0990	用	通合三去钟以	yon²⁴	yon²⁴
0991	绿	通合三入烛来	luɯ²³²	luɯ²³²
0992	足	通合三入烛精	tsɯ⁴²³	tsɯ⁴²³
0993	烛	通合三入烛章	tɕyɯ⁴²³	tɕyɯ⁴²³
0994	赎	通合三入烛船	（无）	（无）
0995	属	通合三入烛禅	zyɯ²³²	sɯ⁵³~于
0996	褥	通合三入烛日	（无）①	（无）
0997	曲~折,歌~	通合三入烛溪	tɕʰyɯ⁴²³	tɕʰyɯ⁴²³
0998	局	通合三入烛群	dʑyɯ²³²	dʑyɯ²³²
0999	玉	通合三入烛疑	ȵyɯ²³²	ȵyɯ²³²
1000	浴	通合三入烛以	yɯ²³²	yɯ²³²

① "褥子"浦江方言说"垫被 diɑ̃¹¹bi²⁴³"。

第三章 词 汇

一、天文地理

编号	词 条	发 音
0001	太阳~下山了	日头 ȵiə²⁴dɤ³³⁴ | 日头孔 ȵiə²⁴dɤ¹¹kʰon⁵³
0002	月亮~出来了	月亮 ȵyi¹¹lyõ²⁴
0003	星星	星 siən⁵³⁴
0004	云	云 yən¹¹³
0005	风	风 fon⁵³⁴
0006	台风	台风 da²⁴fon³³⁴
0007	闪电名词	化=闪 xuɑ⁵⁵sɛ̃⁵⁵
0008	雷	天雷 tʰiɑ̃⁵⁵lɑ³³⁴
0009	雨	雨 y²⁴³
0010	下雨	落雨 lo¹¹y²⁴³
0011	淋衣服被雨~湿了	落 lo²³²
0012	晒~粮食	晒 ɕyɑ⁵⁵
0013	雪	雪 si⁴²³
0014	冰	冰 piən⁵³⁴

续表

编号	词　条	发　音
0015	冰雹	冰雹 piən³³ bo³³⁴
0016	霜	霜 ɕyõ⁵³⁴
0017	雾	雾 vu²⁴
0018	露	露水 lɯ¹¹ ɕy⁵³
0019	虹统称	鲎 xɤ⁵⁵
0020	日食	天狗食日 tʰiɑ̃³³ kɤ⁵³ zɛ¹¹ ȵiə²⁴³
0021	月食	天狗食月 tʰiɑ̃³³ kɤ⁵³ zɛ¹¹ ȵyi²⁴³
0022	天气	天色 tʰiɑ̃⁵⁵ sə⁴²³
0023	晴天~	晴 ziən¹¹³
0024	阴天~	阴 iən⁵³⁴
0025	旱天~	旱 ə̃²⁴³
0026	涝天~	胎⁼大水 tʰa³³ dɯ³³ ɕy⁵³
0027	天亮	天亮 tʰiɑ̃⁵⁵ lyõ³³⁴
0028	水田	水田 ɕy⁵⁵ diɑ̃⁵⁵ ｜ 田 diɑ̃¹¹³
0029	旱地浇不上水的耕地	地 di²⁴
0030	田埂	田塍 diɑ̃²⁴ ziən³³⁴
0031	路野外的	路 lu²⁴
0032	山	山 sɑ̃⁵³⁴
0033	山谷	山沟 sɑ̃⁵⁵ kɤ³³⁴
0034	江大的河	港 kõ⁵³
0035	溪小的河	溪滩 tɕʰi⁵⁵ tʰɑ̃³³⁴
0036	水沟儿较小的水道	水□ ɕy³³ kɛ̃⁵³
0037	湖	湖 u¹¹³
0038	池塘	塘 dõ¹¹³

续表

编号	词 条	发 音
0039	水坑儿_{地面上有积水的小洼儿}	水等＝ ɕy³³tən⁵³
0040	洪水	大水 dɯ¹¹ɕy⁵³
0041	淹_{被水~了}	颎 uə⁴²³ ｜ 淹 iã̃⁵⁵
0042	河岸	塍 ziən¹¹³
0043	坝_{拦河修筑拦水的}	堰 iẽ⁵⁵ ｜ 坝 pɑ⁵⁵
0044	地震	地震 di²⁴tsən⁰
0045	窟窿_{小的}	洞 dən²⁴
0046	缝儿_{统称}	缝 von²⁴
0047	石头_{统称}	石头 zɛ²⁴dɣ³³⁴
0048	土_{统称}	黄泥 õ²⁴ȵi³³⁴
0049	泥_{湿的}	糊泥 u¹¹ȵi²⁴³
0050	水泥_{旧称}	洋灰 yõ²⁴xua³³⁴
0051	沙子	沙泥 ɕyɑ⁵⁵ȵi³³⁴
0052	砖_{整块的}	砖头 tɕyẽ⁵⁵dɣ³³⁴
0053	瓦_{整块的}	瓦 ȵiɑ²⁴³
0054	煤	煤 ma¹¹³
0055	煤油	洋油 yõ²⁴iɣ³³⁴ ｜ 煤油 ma²⁴iɣ³³⁴_新
0056	炭_{木炭}	炭 tʰã̃⁵⁵
0057	灰_{燃烧后剩下的粉末}	灰 xua⁵³⁴
0058	灰尘_{桌面上的}	墒头 on⁵⁵dɣ⁵⁵
0059	火	火 xɯ⁵³
0060	烟_{烧火形成的}	烟 iã̃⁵³⁴
0061	失火	火着 xɯ³³dzyo²⁴³
0062	水	水 ɕy⁵³

续表

编号	词　条	发　音
0063	凉水	冷水 lɛ̃^{11}ɕy^{53}
0064	热水如洗脸的热水，不是指喝的开水	热水 n̠i^{11}ɕy^{53}
0065	开水喝的	开水 kʰa^{33}ɕy^{53}
0066	磁铁	磁铁 zɿ^{24}tʰia^{423}

二、时间方位

编号	词　条	发　音
0067	时候吃饭的～	时辰 zɿ^{24}zən^{113} ｜ 时候 zɿ^{24}ɤ^{24}
0068	什么时候	咯＝力＝时辰 gə^{11}lɛ^{243}zɿ^{24}zən^{113} ｜ 咯＝力＝时候 gə^{11}lɛ^{243}zɿ^{24}ɤ^{24}
0069	现在	粥＝儿＝ tɕyɯ^{33}n^{55}
0070	以前十年～	以前 i^{24}ziã^{334}
0071	以后十年～	以后 i^{11}ɤ^{243}
0072	一辈子	一生世 iə^{33}sɛ̃^{33}ʃi^{55}
0073	今年	今年 tɕiən^{55}n̠iã̃^{334}
0074	明年	明年 mən^{33}n̠iã̃^{334}
0075	后年	后年 ɤ^{11}n̠iã̃^{243}
0076	去年	上年 zyõ^{11}n̠iã̃^{243}
0077	前年	前年 ziã^{33}n̠iã̃^{334}
0078	往年过去的年份	前几年 ziã^{11}tʃi^{33}n̠iã̃^{243} ｜ 头几年 dɤ^{11}tʃi^{33}n̠iã̃^{243}
0079	年初	开年 kʰa^{55}n̠iã̃^{334} ｜ 年初 n̠iã̃^{24}tsʰu^{334}
0080	年底	年关 n̠iã̃^{24}kuã̃^{334} ｜ 年底 n̠iã̃^{11}ti^{53}

续表

编号	词　条	发　音
0081	今天	今日 tɕiən³³ȵiə³³⁴
0082	明天	明朝 mən³³tsɯ³³⁴
0083	后天	后日 ɤ²⁴ȵiə⁰
0084	大后天	大后日 dɯ¹¹ɤ³³ȵiə⁵⁵
0085	昨天	昨日 zo¹¹ȵiə²⁴³
0086	前天	前日 ziã¹¹ȵiə²⁴³
0087	大前天	大前日 dɯ¹¹ziã³³ȵiə⁵⁵
0088	整天	整日 tsiən⁵⁵ȵiə⁰
0089	每天	日对＝日 ȵiə¹¹ta³³ȵiə⁵⁵
0090	早晨	五更 n¹¹kɛ̃⁵³
0091	上午	上半日 zyõ¹¹pə̃³³ȵiə³³⁴
0092	中午	午饭 m¹¹ma²⁴³
0093	下午	后半日 ɤ¹¹pə̃³³ȵiə³³⁴
0094	傍晚	靠夜儿 kʰo³³iɑn²⁴³
0095	白天	日诶 ȵiə²⁴la³³⁴
0096	夜晚与白天相对，统称	夜诶 iɑ¹¹a²⁴
0097	半夜	半夜 pə̃⁵⁵iɑ⁵⁵｜半夜三更 pə̃³³iɑ̃³³sɑ̃⁵⁵kɛ̃⁰
0098	正月农历	正月 tsiən⁵⁵ȵyi³³⁴
0099	大年初一农历	正月初一 tsiən⁵⁵ȵyi³³⁴tsʰu⁵⁵iə⁴²³
0100	元宵节	元宵 yẽ²⁴sɯ³³⁴｜元宵节 yẽ²⁴sɯ⁵⁵tsia⁴²³
0101	清明	清明 tsʰiən⁵⁵miən³³⁴
0102	端午	端午 tə̃³³n²⁴³
0103	七月十五农历，节日名	七月半 tsʰə⁵⁵ȵyi⁰pə̃⁰
0104	中秋	中秋 tɕyon⁵⁵tsʰiɤ³³⁴

续表

编号	词　条	发　音
0105	冬至	冬夜 tən⁵⁵ ia³³⁴
0106	腊月农历十二月	十二月 zɑ¹¹ n̩³³ n̪yi⁵⁵
0107	除夕农历	三十夜 sã³³ zə³³ n̪yi⁵⁵
0108	历书	官历 kuã³³ lɛ³³⁴
0109	阴历	农历 lon³³ liə³³⁴
0110	阳历	阳历 yõ³³ liə³³⁴
0111	星期天	星期日 siən³³ dʒi³³ n̪iə³³⁴ ｜礼拜日 li¹¹ pa³³ n̪iə³³⁴
0112	地方	地方 di¹¹ fon⁵³
0113	什么地方	咯⁼力⁼地方 gə¹¹ lɛ¹¹ di¹¹ fon⁵³
0114	家里	家里 tɕia³³ li⁵³
0115	城里	城里 ziən¹¹ li⁵³
0116	乡下	乡下 ɕyõ³³ ia²⁴³
0117	上面从～滚下来	上面 zyõ²⁴ mɛ̃⁰
0118	下面从～爬上去	下面 ia²⁴ mɛ̃⁰
0119	左边	借⁼手边 tsia⁵⁵ ɕiɣ⁵⁵ piẽ⁵⁵
0120	右边	顺手边 zyən¹¹ ɕiɣ¹¹ piẽ⁵⁵
0121	中间排队排在～	正中 tsiən³³ tɕyon³³⁴
0122	前面排队排在～	前面 ziɑ̃²⁴ mɛ̃³³⁴
0123	后面排队排在～	后面 ɣ²⁴ mɛ̃⁰
0124	末尾排队排在～	后屁股 ɣ¹¹ pʰi³³ ku⁵³
0125	对面	对面 ta³³ miẽ²⁴
0126	面前	面头前 miẽ¹¹ dɣ¹¹ ziɑ̃²⁴³
0127	背后	背后 pa³³ ɣ²⁴³ ｜背脊后 pa³³ tsɛ³³ ɣ²⁴³

续表

编号	词 条	发 音
0128	里面躲在~	里面 $li^{24}m\tilde{\varepsilon}^0$
0129	外面衣服晒在~	外面 $\eta a^{24}m\tilde{\varepsilon}^0$
0130	旁边	边诶 $pi\tilde{e}^{53}na^{334}$
0131	上碗在桌子~	上 $zy\tilde{o}^0$
0132	下凳子在桌子~	下面 $ia^{24}m\tilde{\varepsilon}^0$
0133	边儿桌子的~	边儿 $pi\tilde{e}n^{534}$
0134	角儿桌子的~	角儿 kon^{423}
0135	上去他~了	上去 $zy\tilde{o}^{24}i^0$
0136	下来他~了	下来 $\varphi ia^{33}a^{53}$
0137	进去他~了	归去 $t\varphi y^{55}i^{334}$
0138	出来他~了	出来 $t\varphi^hy\partial^{55}la^{334}$
0139	出去他~了	出去 $t\varphi^hy\partial^{33}i^{55}$
0140	回来他~了	归来 $t\varphi y^{55}a^{334}$
0141	起来天冷~了	来= a^{243}

三、植　物

编号	词 条	发 音
0142	树	树 zy^{24}
0143	木头	树 zy^{24}
0144	松树统称	松树 $z\partial n^{24}zy^{24}$
0145	柏树统称	柏树 $pa^{55}zy^{55}$
0146	杉树	杉树 $s\tilde{a}^{55}zy^{334}$

续表

编号	词　条	发　音
0147	柳树	杨柳树 yõ¹¹lɤ¹¹ʑy²⁴
0148	竹子 统称	毛竹儿 mo³³tɕyɯn³³⁴
0149	笋	笋 sən⁵³
0150	叶子	叶 i²³²
0151	花	花 xuɑ⁵³⁴
0152	花蕾 花骨朵	蕊儿 ȵyn²⁴
0153	梅花	梅花 ma²⁴xuɑ⁵³⁴
0154	牡丹	牡丹 mə¹¹tã⁵³
0155	荷花	荷花 ɯ²⁴xuɑ³³⁴
0156	草	草 tsʰo⁵³
0157	藤	藤 diən¹¹³
0158	刺 名词	刺 tsʅ⁵⁵
0159	水果	水果 ɕy³³kɯ⁵³
0160	苹果	苹果 biən¹¹kɯ⁵³
0161	桃子	桃儿 don²³²
0162	梨	梨儿 liən²³²
0163	李子	麦李儿 mɑ²⁴liən⁰
0164	杏	梅儿 man²³²
0165	橘子	橘儿 tɕyən⁴²³
0166	柚子	□ pʰo⁵³⁴
0167	柿子	柿儿 zʅn²⁴
0168	石榴	石榴儿 zɛ¹¹lɤn²⁴³
0169	枣	枣儿 tson⁵⁵
0170	栗子	大栗 dɯ¹¹liə²⁴³

续表

编号	词　条	发　音
0171	核桃	核桃 uə²⁴ do³³⁴
0172	银杏白果	白果 bɑ¹¹ kɯ⁵³
0173	甘蔗	甘蔗 kɔ̃⁵⁵ tsia³³⁴
0174	木耳	木耳 mə¹¹ ɣ²⁴³
0175	蘑菇野生的	蕈 zən²⁴³
0176	香菇	香菇 ɕyõ⁵⁵ ku³³⁴
0177	稻子指植物	稻 do²⁴³
0178	稻谷指籽实(脱粒后是大米)	谷 kɯ⁴²³
0179	稻草指脱粒后的	稻杆 do¹¹ kɔ̃⁵³
0180	大麦指植物	大麦 dɯ¹¹ mɑ²⁴³
0181	小麦指植物	细麦 ɕia³³ mɑ³³⁴
0182	麦秸指脱粒后的	麦秆 mɑ¹¹ kɔ̃⁵³
0183	谷子指植物(籽实,脱粒后是小米)	粟谷 sɯ³³ kɯ⁵³
0184	高粱指植物	芦穄 lu²⁴ tʃi³³⁴
0185	玉米指成株的植物	芦粟儿 lu¹¹ sɤn³³⁴
0186	棉花指植物	木棉 mə²⁴ miẽ³³⁴
0187	油菜油料作物,不是蔬菜	油菜 iɤ²⁴ tsʰa³³⁴
0188	芝麻	油麻 iɤ²⁴ mia³³⁴
0189	向日葵指植物	朝日葵 dzɯ³³ ȵi³³ guɛ³³⁴
0190	蚕豆	佛豆 və¹¹ dɤ²⁴
0191	豌豆	蚕豆
0192	花生指果实,注意婉称	落花生 lo¹¹ xua⁵⁵ sɛ̃⁰
0193	黄豆	黄豆 õ²⁴ dɤ³³⁴
0194	绿豆	绿豆儿 lɯ¹¹ dɤn²⁴³

续表

编号	词　条	发　音
0195	豇豆长条形的	长豆结＝ dzy$\tilde{o}^{11}$ dγ^{11} tφi^{53}
0196	大白菜东北~	大白菜 dα^{24} bα^{55} ts^{h}a^0
0197	包心菜卷心菜,圆白菜,指球形的	包菜 po^{55} ts^{h}a^{334}
0198	菠菜	菠薐菜 p$\mathrm{\omega}^{33}$ li$\mathrm{e}$n^{33} ts^{h}a^{55}
0199	芹菜	芹菜 dzi$\mathrm{e}$n^{24} ts^{h}a^{334}
0200	莴笋	莴苣笋 u^{33} tφy^{33} sen^{334}
0201	韭菜	韭菜 tφiγ^{55} ts^{h}a^{55}
0202	香菜芫荽	香菜 φy$\tilde{o}^{55}$ ts^{h}a^{334}
0203	葱	葱 ts^hen^{534}
0204	蒜	大蒜 d$\tilde{\alpha}^{24}$ s$\tilde{\mathrm{e}}^{334}$
0205	姜	生姜 s$\tilde{\varepsilon}^{55}$ tφy$\tilde{o}^{334}$
0206	洋葱	洋葱匏儿 y$\tilde{o}^{11}$ ts^hen^{33} bun^{334}
0207	辣椒统称	辣茄儿 luα^{11} dziαn^{243}
0208	茄子统称	茄菜 dziα^{24} ts^{h}a^{334}
0209	西红柿	西红柿 fan^{55} tφiα^{334}
0210	萝卜统称	萝卜 lo^{33} b$\mathrm{\omega}^{334}$
0211	胡萝卜	胡萝卜儿 u^{33} lo^{33} b$\mathrm{\omega}$n^{55}
0212	黄瓜	黄瓜 $\tilde{o}^{24}$ kuα^{334}
0213	丝瓜无棱的	天萝 t^{h}i$\tilde{\alpha}^{55}$ l$\mathrm{\omega}^{334}$
0214	南瓜扁圆形或梨形,成熟时赤褐色	金瓜 tφien^{55} kuα^{334}
0215	荸荠	蒲荠 bu^{24} d$\mathrm{\textrm{ʒ}}$i^{334}
0216	红薯统称	番芋 f$\tilde{\alpha}^{55}$ y^{334}
0217	马铃薯	洋芋 y$\tilde{o}^{24}$ y^{334}
0218	芋头	芋儿 yn^{243}

编号	词条	发音
0219	山药圆柱形的	山药 sã⁵⁵ yo³³⁴ 外来的
0220	藕	藕 ŋɤ²⁴³

四、动 物

编号	词条	发音
0221	老虎	老虎 lo¹¹ xu⁵³
0222	猴子	猴露⁼ ɤ²⁴ lɯ²⁴
0223	蛇统称	蛇 ʑiɑ¹¹³
0224	老鼠家里的	老鼠 lo¹¹ tsʅ⁵³ "鼠"字声母特殊
0225	蝙蝠	老鼠皮钯⁼儿 lo¹¹ tsʅ⁵³ bi³³ bian³³⁴
0226	鸟儿飞鸟，统称	鸟儿 tɤn⁵⁵
0227	麻雀	麻□儿 mia¹¹ tsiɤn³³⁴
0228	喜鹊	喜鹊儿 ʃi³³ tsʰyon⁵³
0229	乌鸦	乌老鸦儿 u³³ lo³³ iɑn²⁴³
0230	鸽子	鹁鸽儿 bɯ¹¹ kɯn⁵³
0231	翅膀鸟的，统称	翼膀儿 yə²⁴ põn³³⁴
0232	爪子鸟的，统称	脚钯⁼儿 tɕyo³³ bian²⁴³
0233	尾巴	尾巴 m¹¹ pia⁵³
0234	窝鸟的	窠 kʰɯ⁵³⁴
0235	虫子统称	虫 dʑyon¹¹³
0236	蝴蝶统称	蝴蝶儿 u¹¹ dian³³⁴
0237	蜻蜓统称	蜻蜓 tsʰiən⁵⁵ liən³³⁴ "蜓"字声母被同化

续表

编号	词条	发音
0238	蜜蜂	蜂 fon^{534}
0239	蜂蜜	蜂糖 fon^{55} dõ^{334}
0240	知了 统称	借= 亮= tsia^{55} lyõ^{334}
0241	蚂蚁	蜂蚁儿 fon^{33} ŋɑn34
0242	蚯蚓	蛐蟮 tɕʰyɯ^{55} zian^{0}
0243	蚕	蚕儿 zə̃n^{232}
0244	蜘蛛 会结网的	蟢丝 ʃi^{33} sʅ^{53}
0245	蚊子 统称	蚊虫 mən^{24} dʑyon^{334}
0246	苍蝇 统称	苍蝇 tɕʰyõ^{55} ȵiən^{334}
0247	跳蚤 咬人的	蚤儿 tson^{55}
0248	虱子	虱 sə^{423}
0249	鱼	鱼 ȵy^{113}
0250	鲤鱼	鲤鱼 li^{11} ȵy^{24}
0251	鳙鱼 胖头鱼	鳙鱼 zən^{24} ȵy^{334}
0252	鲫鱼	鲫鱼 tsɛ̃^{33} ȵy^{334} "鲫"字韵母被逆同化
0253	甲鱼	鳖 pi^{423}
0254	鳞 鱼的	鳞 liən^{113}
0255	虾 统称	虾儿 ɕian^{534}
0256	螃蟹 统称	蟹儿 xɑn^{55}
0257	青蛙 统称	田鸡 diɑ̃^{24} tʃi^{534}
0258	癞蛤蟆 表皮多疙瘩的	蛤磅= kə^{55} põ^{55}
0259	马	马 mia^{243}
0260	驴	毛驴狗儿 mo^{11} li^{33} kɤn^{55}
0261	骡	（无）

续表

编号	词　条	发　音
0262	牛	牛 ȵiɤ¹¹³
0263	公牛统称	雄牛 yon²⁴ȵiɤ³³⁴
0264	母牛统称	雌牛 tsʅ⁵⁵ȵiɤ²⁴³
0265	放牛	望牛 mõ¹¹ȵiɤ³³⁴
0266	羊	羊儿 yon²³²
0267	猪	猪 tʃi⁵³⁴
0268	种猪配种用的公猪	猪公 tʃi⁵⁵kon³³⁴
0269	公猪成年的,已阉的	肉猪 ȵyɯ²⁴tʃi³³⁴
0270	母猪成年的,未阉的	猪娘 tʃi⁵⁵ȵyo³³⁴ ┃ 猪母 tʃi³³m²⁴³
0271	猪崽	细猪儿 ɕia⁵⁵tʃin³³⁴
0272	猪圈	猪栏 tʃi⁵⁵lã̃³³⁴
0273	养猪	饲猪 zʅ¹¹tʃi⁵³
0274	猫	猫儿 mon²³²
0275	公猫	雄猫儿 yon³³mon³³⁴
0276	母猫	雌猫儿 tsʅ⁵⁵mon³³⁴
0277	狗统称	狗 kɤ⁵³
0278	公狗	雄狗儿 yon¹¹kɤn³³⁴
0279	母狗	雌狗儿 tsʅ³³kɤn³³⁴
0280	叫狗~	吠 vi²⁴
0281	兔子	兔儿 tʰun⁵³
0282	鸡	鸡 tʃi⁵³⁴
0283	公鸡成年的,未阉的	雄鸡 yon²⁴tʃi³³⁴
0284	母鸡已下过蛋的	草鸡儿 tsʰɯ³³tʃin⁵³
0285	叫公鸡~(即打鸣儿)	啼 di¹¹³

续表

编号	词　条	发　音
0286	下鸡~蛋	生 sɛ̃⁴²³
0287	孵~小鸡	伏 bu²⁴
0288	鸭	鸭儿 iɑn⁴²³
0289	鹅	鹅 ŋɯ¹¹³
0290	阉~公的猪	羯 tɕi⁴²³
0291	阉~母的猪	羯 tɕi⁴²³
0292	阉~鸡	羯 tɕi⁴²³
0293	喂~猪	饲 zʅ²⁴
0294	杀猪统称,注意婉称	杀猪 ɕyɑ³³ tʃi³³⁴
0295	杀~鱼	修= ɕiɤ⁵³⁴

五、房舍器具

编号	词　条	发　音
0296	村庄一个~	村坊 tsʰə̃⁵⁵ fõ³³⁴
0297	胡同统称:一条~	弄堂 lən¹¹ dõ²⁴³
0298	街道	街路 kɑ⁵⁵ lu³³⁴
0299	盖房子	起屋 tʃʰi³³ ɯ⁵³
0300	房子整座的,不包括院子	屋 ɯ⁴²³
0301	屋子房子里分隔而成的,统称	房间 võ²⁴ kɑ̃³³⁴
0302	卧室	房间 võ²⁴ kɑ̃³³⁴
0303	茅屋茅草等盖的	茅草屋儿 mo¹¹ tsʰo³³ ɯn⁵³
0304	厨房	镬口间 o¹¹ kʰɤ³³ kɑ̃⁵³ ｜ 厨房间 dzy¹¹ võ¹¹ kɑ̃³³⁴新

续表

编号	词 条	发 音
0305	灶统称	镬头 o²⁴ dɤ³³⁴
0306	锅统称	镬 o²³²
0307	饭锅煮饭的	饭镬 vã¹¹ o²⁴³
0308	菜锅炒菜的	铁镬儿 tʰia³³ on²⁴³ ｜ 铁勺儿 tʰia⁵⁵ yon⁰
0309	厕所旧式的,统称	东司 tən⁵⁵ sɿ³³⁴
0310	檩左右方向的	桁条 ɛ̃²⁴ dɯ³³⁴
0311	柱子	屋柱 ɯ³³ ʐy²⁴³
0312	大门	大门 dɯ¹¹ mən²⁴³
0313	门槛儿	门槛儿 mən¹¹ kʰã̃n⁵⁵
0314	窗旧式的	床 kʰã̃⁵³
0315	梯子可移动的	梯儿 tʰiən⁵³⁴
0316	扫帚统称	扫帚 so³³ tsiɤ⁵³竹制,较大 ｜ 筈帚 dɯ¹¹ tsiɤ⁵³ 芒制,较小
0317	扫地	扫地 so⁵⁵ di⁰
0318	垃圾	锣＝屑 lɯ¹¹ sɯ⁵³
0319	家具统称	家时＝ tɕiɑ⁵⁵ zɿ³³⁴
0320	东西我的～	东西 tən⁵⁵ ʃi³³⁴
0321	炕土、砖砌的,睡觉用	(无)
0322	床木制的,睡觉用	床 ʐyõ̃¹¹³
0323	枕头	床头 ʐyõ̃²⁴ dɤ³³⁴
0324	被子	被 bi²⁴³
0325	棉絮	棉絮 miẽ²⁴ ʃi³³⁴
0326	床单	被单 bi¹¹ tã̃⁵³
0327	褥子	垫被 diã̃¹¹ bi²⁴³

续表

编号	词　条	发　音
0328	席子	草席 tsʰo³³zɛ²⁴³统称
0329	蚊帐	跳⁼帐 tʰɯ⁵⁵tsyõ⁵⁵
0330	桌子统称	桌顶⁼ tɕyo³³tiən⁵³
0331	柜子统称	橱 dʐy¹¹³
0332	抽屉桌子的	暗槽 ə̃³³zo³³⁴
0333	案子长条形的	香儿 ɕyõ⁵⁵tʃi³³⁴
0334	椅子统称	交椅 ko³³y²⁴³
0335	凳子统称	凳 tən⁵⁵
0336	马桶有盖的	马子桶 mia¹¹tsʅ³³dən²⁴³
0337	菜刀	薄刀 bo²⁴to³³⁴
0338	瓢舀水的	木勺 mə¹¹ʑyo²⁴³
0339	缸	缸 kõ⁵³⁴
0340	坛子装酒的~	掇⁼ tɯ⁴²³
0341	瓶子装酒的~	瓶 biən¹¹³
0342	盖子杯子的~	盖儿 kan⁵³
0343	碗统称	碗 uɑ̃⁵³
0344	筷子	箸 dʒi²⁴
0345	汤匙	捞羹儿 lɯ¹¹kɛ̃n³³⁴
0346	柴火统称	柴 zɑ¹¹³
0347	火柴	洋火 yõ¹¹xɯ⁵³
0348	锁	锁 sɯ⁵³
0349	钥匙	锁匙 sɯ⁵⁵zʅ⁵⁵
0350	暖水瓶	热水壶 n̩i²⁴ɕy⁵⁵u⁰
0351	脸盆	面锣 miẽ¹¹lɯ²⁴³

续表

编号	词 条	发 音
0352	洗脸水	洗面水 ʃi³³miẽ³³ɕy⁵³
0353	毛巾洗脸用	面布 miẽ²⁴pu⁰
0354	手绢	手巾 ɕiɤ³³tɕiən⁵³
0355	肥皂洗衣服用	肥皂 bi¹¹zo²⁴³
0356	梳子旧式的,不是篦子	掠儿 lyon²³²
0357	缝衣针	针 tsən⁵³⁴
0358	剪子	剪刀 tsiɑ̃³³to⁵³
0359	蜡烛	蜡烛 luɑ¹¹tɕyɯ⁵³
0360	手电筒	手电筒 ɕiɤ³³diɑ̃³³tən⁵³"筒"字声母清化
0361	雨伞挡雨的,统称	雨伞 y¹¹sɑ̃⁵⁵
0362	自行车	脚踏车 tɕyo³³lɑ³³tɕʰya⁵³"踏"字声母特殊

六、服饰饮食

编号	词 条	发 音
0363	衣服统称	衣裳 i⁵⁵ʑyõ³³⁴
0364	穿~衣服	穿 tɕʰyẽ⁵³⁴
0365	脱~衣服	脱 tʰɔ⁴²³
0366	系~鞋带	缚 bo²³²
0367	衬衫	衬衫 tsʰiən³³sɑ̃⁵³
0368	背心带两条杠的,内衣	背心 pa³³sən³³⁴
0369	毛衣	毛线衣 mo²⁴sɛ̃³³i³³⁴
0370	棉衣	棉布袄 miẽ¹¹pu³³o²⁴³

续表

编号	词 条	发 音
0371	袖子	衫袖 sã⁵⁵ʑiɤ³³⁴
0372	口袋衣服上的	袋儿 dan²⁴³
0373	裤子	裤 kʰu⁵⁵
0374	短裤外穿的	半根裤儿 pə̃³³kən³³kʰun⁵³
0375	裤腿	裤脚 kʰu³³tɕyo⁴²³
0376	帽子统称	帽 mo²⁴
0377	鞋子	鞋 ɑ¹¹³
0378	袜子	袜 mia²³²
0379	围巾	围巾 uɛ̃²⁴tɕiən³³⁴ "围"字韵母特殊
0380	围裙	围怀 y²⁴guɑ³³⁴
0381	尿布	尿布 ʃi⁵⁵pu³³⁴
0382	扣子	纽子儿 ȵiɤ²⁴tsʅn⁰
0383	扣~扣子	纽 ȵiɤ²⁴³
0384	戒指	戒指 kɑ³³tsʅ⁵³
0385	手镯	手镯 ɕiɤ³³dzɯn²⁴³
0386	理发	剃头 tʰi³³dɤ³³⁴
0387	梳头	足⁼头 tsɯ³³dɤ³³⁴
0388	米饭	饭 vã²⁴
0389	稀饭用米熬的,统称	粥 tɕyɯ⁴²³
0390	面粉麦子磨的,统称	麦屑 mɑ¹¹sɯ⁵³
0391	面条统称	面 miɛ̃²⁴
0392	面儿玉米~,辣椒~	粉 fən⁵³
0393	馒头无馅的,统称	馒头 mɯ²⁴dɤ³³⁴
0394	包子	包子 po³³tsʅ⁵³

编号	词　条	发　音
0395	饺子	饺子 tɕia⁵⁵tsʅ⁵⁵
0396	馄饨	馄饨 uən²⁴lən³³⁴ "饨"字声母特殊
0397	馅儿	馅 ŋã²⁴³
0398	油条 长条形的,旧称	油柴＝梗 iɤ¹¹za¹¹kuɛ̃⁵³
0399	豆浆	豆腐浆 da¹¹u¹¹tsyõ⁵³
0400	豆腐脑	豆腐汤儿 da¹¹u¹¹tʰõn⁵³
0401	元宵 食品	汤锣＝ tʰõ⁵⁵lɯ³³⁴
0402	粽子	粽 tsən⁵⁵
0403	年糕 用黏性大的米或米粉做的	豆糕 dɤ¹¹ko⁵³
0404	点心 统称	四餐午饭 ʃi³³tsʰã³³m³³ma²⁴³ "饭"字声母、韵母特殊
0405	菜 经过烹调供下饭的,统称	菜 tsʰa⁵⁵
0406	干菜 统称	菜干儿 tsʰa³³kə̃n³³⁴
0407	豆腐	豆腐 da²⁴u²⁴
0408	猪血 经过烹调供下饭的	红豆腐 on³³da³³u⁵⁵
0409	猪蹄 经过烹调供下饭的	猪脚梗 tʃi³³tɕyo³³kuɛ̃⁵³
0410	猪舌头 经过烹调供下饭的,注意婉称	猪口舌 tʃi³³kʰɤ³³dʑi²⁴³
0411	猪肝 经过烹调供下饭的,注意婉称	猪肝 tʃi⁵⁵kə̃³³⁴
0412	下水 猪牛羊的内脏	肚里朝＝ du¹¹li¹¹dzɯ²⁴³
0413	鸡蛋	鸡卵 tʃi³³lən²⁴³
0414	松花蛋	皮蛋 bi¹¹dan²⁴
0415	猪油	猪油 tʃi⁵⁵iɤ³³⁴
0416	香油	麻油 mia²⁴iɤ³³⁴
0417	酱油	酱油 tsyõ³³iɤ³³⁴

续表

编号	词　条	发　音
0418	盐名词	盐 iẽ¹¹³
0419	醋注意婉称	醋 tsʰu⁵⁵
0420	香烟	香烟 ɕyõ⁵⁵iɑ̃³³⁴
0421	旱烟	燥烟 so⁵⁵iɑ̃³³⁴
0422	白酒	烧酒 sɯ³³tsiɤ⁵³
0423	黄酒	老酒 lo¹¹tsiɤ⁵³
0424	江米酒酒酿,醪糟	酒卤糟 tsiɤ³³lu³³tso⁵³
0425	茶叶	茶叶 dʑyɑ²⁴i³³⁴
0426	沏～茶	泡 pʰo⁵⁵
0427	冰棍儿	棒冰 ban¹¹piən⁵³
0428	做饭统称	烧饭 sɯ³³vɑ̃²⁴
0429	炒菜统称,和做饭相对	炒菜 tɕʰyo⁵⁵tsʰa³³
0430	煮～带壳的鸡蛋	煠 zyɑ²³²
0431	煎～鸡蛋	烫 tʰo⁵⁵
0432	炸～油条	飞= fi⁵³⁴
0433	蒸～鱼	蒸 tsiən⁵³⁴
0434	揉～面做馒头等	捼 ȵyo²³²
0435	擀～面,～皮儿	勵① la²⁴
0436	吃早饭	食五更饭 zɛ²⁴n¹¹kɛ̃⁵⁵vɑ̃⁰
0437	吃午饭	食午饭 zɛ²⁴m⁵⁵vɑ⁰"饭"字读音特殊
0438	吃晚饭	食夜饭 zɛ²⁴iɑ²⁴vɑ̃⁰
0439	吃～饭	食 zɛ²³²

---

① 《广韵》去声队韵卢对切:"推也。"

续表

编号	词 条	发 音
0440	喝～酒	食 zɛ²³²
0441	喝～茶	食 zɛ²³²
0442	抽～烟	食 zɛ²³²
0443	盛～饭	兜 tɤ⁵³⁴
0444	夹用筷子～菜	挟 tɕiɑ⁴²³
0445	斟～酒	□ tsʰia⁵³
0446	渴口～	口燥 kʰɤ⁵⁵so⁰
0447	饿肚子～	肚饥 du¹¹tʃi⁵³
0448	噎吃饭～着了	哽 kɛ̃⁵⁵

七、身体医疗

编号	词 条	发 音
0449	头人的,统称	胡⁼头 u³³dɤ³³⁴
0450	头发	头发 dɤ²⁴fɑ³³⁴
0451	辫子	辫儿 biẽn²⁴
0452	旋	旋 ziẽ²⁴
0453	额头	额骨头 ŋɑ¹¹kuə³³dɤ²⁴³
0454	相貌	相貌 ɕyõ³³mo²⁴ ｜ 才貌 dza²⁴mo²⁴
0455	脸洗～	面 miẽ²⁴
0456	眼睛	眼睛 ŋɑ̃¹¹tsiən⁵³
0457	眼珠统称	眼睛乌珠 ŋɑ̃¹¹tsiən³³u³³tɕy³³⁴
0458	眼泪哭的时候流出来的	眼泪 ŋɑ̃¹¹li²⁴

续表

编号	词条	发音
0459	眉毛	眉毛 mi²⁴mo³³⁴
0460	耳朵	耳朵 n¹¹tɯ⁵³
0461	鼻子	鼻头 biə²⁴dɤ³³⁴
0462	鼻涕统称	鼻涕 biə¹¹tʰi⁵⁵
0463	擤～鼻涕	擤 ɕiən⁵³
0464	嘴巴人的，统称	口嘴 kʰɤ³³tʃi⁵³
0465	嘴唇	口母＝皮 kʰɤ³³m³³bi²⁴³
0466	口水～流出来	馋馋 zã²⁴zã³³⁴
0467	舌头	口舌 kʰɤ³³dzi²⁴³
0468	牙齿	牙齿 n̠ia¹¹tsʅ⁵³"齿"字声母特殊
0469	下巴	下巴 ia¹¹bia²⁴
0470	胡子嘴周围的	胡须 u²⁴su³³⁴
0471	脖子	项颈 õ¹¹tɕiən⁵³
0472	喉咙	咙喉 lən²⁴gɤ³³⁴
0473	肩膀	□肩 pʰã⁵⁵tɕiẽ³³⁴
0474	胳膊	手臂 ɕiɤ⁵⁵pi⁵⁵
0475	手只指手；包括臂；他的～摔断了	手 ɕiɤ⁵³包括臂
0476	左手	借＝只 tsia⁵⁵tsɛ⁴²³老｜借＝手 tsia³³ɕiɤ⁵³
0477	右手	顺只 zyən¹¹tsɛ⁵³老｜顺手 zyən¹¹ɕiɤ⁵³
0478	拳头	拳头 dzyẽ²⁴dɤ³³⁴
0479	手指	执＝头 tsə³³dɤ³³⁴
0480	大拇指	大网＝执＝头 dɯ¹¹mo¹¹tsə³³dɤ²⁴³
0481	食指	点拇执＝头 tiã³³m³³tsə³³dɤ²⁴³
0482	中指	正中执＝头儿 tsiən³³tɕyon³³tsə³³dɤn²⁴³

续表

编号	词　条	发　音
0483	无名指	（无）
0484	小拇指	细网＝执＝头儿 ɕia³³ mo³³ tsə³³ dɤn²⁴³
0485	指甲	指甲 tsɿ³³ tɕia⁵³
0486	腿	腿 tʰa⁵³
0487	脚只指脚；包括小腿；包括小腿和大腿；他的～压断了	脚骨 tɕyo³³ kuə⁵³ 包括小腿和大腿
0488	膝盖指部位	脚膝髁儿 tɕyo³³ sə³³ kʰɯn⁵³
0489	背名词	背脊 pa³³ tsɛ⁴²³
0490	肚子腹部	肚皮 du¹¹ bi²⁴
0491	肚脐	肚脐儿 du¹¹ dʒin²⁴³
0492	乳房女性的	奶奶儿 na¹¹ nan²⁴³
0493	屁股	屁股 pʰi³³ ku⁵³
0494	肛门	屁股洞 pʰi³³ ku³³ dən²⁴
0495	阴茎成人的	老八＝儿 lo¹¹ pian⁵³
0496	女阴成人的	胓 pʰiə⁴²³ ｜ 屄 pi⁵³⁴少
0497	觥动词	装＝ tɕyõ⁵³⁴ ｜ 弄 lən²⁴
0498	精液	精 tsiən⁵³⁴
0499	来月经注意婉称	身上来 sən⁵⁵ n̥yõ³³ la¹¹³
0500	拉屎	放涴 fõ³³ ɯ⁵⁵
0501	撒尿	放尿 fõ³³ ɕi³³⁴
0502	放屁	放屁 fõ³³ pʰi⁵⁵
0503	相当于"他妈的"的口头禅	娘借＝ n̥yõ⁵⁵ tsia⁵⁵ ｜ 娘借＝得＝ n̥yõ⁵⁵ tsia⁵⁵ tə⁰ 少
0504	病了	生病哪 sɛ̃³³ biən³³ na⁵⁵
0505	着凉	冻去 tən⁵⁵ i⁵⁵

续表

编号	词条	发音
0506	咳嗽	咳嗽 kʰə⁵⁵ ɕiɤ⁵⁵
0507	发烧	烧热 suɯ³³ n̠i³³⁴
0508	发抖	咯咯抖 gə¹¹ gə¹¹ tɤ⁵³
0509	肚子疼	肚皮痛 du¹¹ bi²⁴ tʰən⁰
0510	拉肚子	射涴 dʑiɑ²⁴ uɯ⁰ ｜肚射 du²⁴ dʑiɑ⁰
0511	患疟疾	犯半日落壳⁼ vɑ̃²⁴ pə̃³³ n̠iə³³ lo³³ kʰo⁵³
0512	中暑	痧气 ɕyɑ⁵⁵ tʃʰi³³⁴
0513	肿	肿 tɕyon⁵³
0514	化脓	灌 kuən⁵⁵
0515	疤伤口长好后留下的痕迹	疤 piɑ⁵³⁴
0516	癣	癣 sɛ̃⁵³
0517	痣凸起的	痣 tsʅ⁵⁵
0518	疙瘩蚊子咬后形成的	别⁼ biə²³²
0519	狐臭	信⁼臭 sən⁵⁵ tsʰiɤ⁵⁵
0520	看病	望病 mõ²⁴ biən⁰
0521	诊脉	准脉 tɕyən³³ mɑ²⁴³
0522	针灸	放银针 fõ³³ n̠iən³³ tsən³³⁴
0523	打针	打针 nɛ̃³³ tsən⁵³
0524	打吊针	挂葡萄糖 kuɑ⁵⁵ bu³³ do³³ dõ³³⁴
0525	吃药统称	食药 zɛ¹¹ yo²⁴³
0526	汤药	中药 tɕyon³³ yo³³⁴
0527	病轻了	病好些啊 biən²⁴ xo⁵⁵ suɯ⁰ ɑ⁰

八、婚丧信仰

编号	词条	发音
0528	说媒	做媒 tsɯ³³ ma³³⁴
0529	媒人	媒农 ma²⁴ lən³³⁴
0530	相亲	望农 mõ¹¹ lən²⁴³
0531	订婚	食肯酒 zɛ²⁴ kʰən¹¹ tsiɤ⁵³
0532	嫁妆	嫁妆 tɕia³⁵ tɕɤõ³³⁴
0533	结婚统称	结婚 tɕiə³³ xuən³³⁴
0534	娶妻子男子~,动宾结构	讨老马= tʰo³³ lo³³ mia²⁴³
0535	出嫁女子~	嫁农 tɕia³³ lən³³⁴
0536	拜堂	拜堂 pa³³ dõ³³⁴
0537	新郎	新郎官 sən³³ lõ³³ kuã³³⁴
0538	新娘子	新人=人 sən³³ n̠iən³³ n̠iən⁵⁵
0539	孕妇	大肚皮 dɯ²⁴ du⁰ bi⁰
0540	怀孕	有得生 iɤ¹¹ tə³³ sɛ̃⁵³⁴
0541	害喜妊娠反应	病儿 biən¹¹ n²⁴³
0542	分娩	生细佬儿 sɛ̃³³ ɕia³³ lon⁵⁵
0543	流产	落身 lo²⁴ sən³³⁴
0544	双胞胎	双生儿 ɕyõ³³ sɛ̃⁵³ ∣ 双胞胎 ɕyõ³³ po³³ tʰa³³⁴
0545	坐月子	做产母 tsɯ³³ ɕya³³ m²⁴³
0546	吃奶	食奶奶儿 zɛ¹¹ na¹¹ nan²⁴³
0547	断奶	摘奶奶儿 tsa³³ na³³ nan²⁴³
0548	满月	满月 mɤ¹¹ n̠yi²⁴³

续表

编号	词条	发音
0549	生日统称	生日 sɛ̃³³ȵiə³³⁴
0550	做寿	做寿 tsɯ³³ziɤ²⁴
0551	死统称	死 sʅ⁵³
0552	死婉称，最常用的几种，指老人：他～了	去 tɕʰi⁵⁵ ｜ 走 tsɤ⁵³ ｜ 过辈 kɯ³³pa⁵⁵
0553	自杀	寻死 zən¹¹sʅ⁵³
0554	咽气	断气 də̃²⁴tʃʰi⁰ ｜ 脱气 tʰə⁵⁵tʃʰi⁰
0555	入殓	进棺 tsiən³³kuɑ̃³³⁴
0556	棺材	棺材 kuɑ̃⁵⁵za³³⁴
0557	出殡	出丧 tɕʰyo³³sõ³³⁴
0558	灵位	灵位 liən²⁴uɛ²⁴
0559	坟墓单个的，老人的	坟头 vən²⁴dɤ³³⁴
0560	上坟	上坟 ʑyõ¹¹vən²⁴³
0561	纸钱	烧纸 sɯ³³tʃi⁵³
0562	老天爷	天公 tʰiɑ̃⁵⁵kon³³⁴
0563	菩萨统称	菩萨 bu²⁴sa⁴²³
0564	观音	观音娘娘 kuan⁵⁵iən³³ȵyõ³³ȵyõ³³⁴ ｜ 观音菩萨 kuan⁵⁵iən³³bu²⁴sa⁴²³
0565	灶神口头的叫法	镬灶菩萨 o²⁴tso³³bu³³sa³³⁴多 ｜ 镬灶爷爷儿 o²⁴tso³³ia³³iɑn³³⁴
0566	寺庙	殿 diɑ̃²⁴
0567	祠堂	祠堂 zʅ²⁴dõ³³⁴
0568	和尚	和尚 ɯ²⁴ʑyõ²⁴
0569	尼姑	尼姑 ȵi²⁴ku³³⁴
0570	道士	道士 do¹¹zʅ²⁴³

续表

编号	词　条	发　音
0571	算命统称	算命 $sə̃^{33}$ $miən^{24}$
0572	运气	运气 $yən^{24}$ $tʃ^hi^0$
0573	保佑	保佑 po^{55} $iɤ^{55}$

九、人品称谓

编号	词　条	发　音
0574	人一个~	农 $lən^{113}$
0575	男人成年的,统称	男子 $nə̃^{11}$ $tsɿ^{53}$
0576	女人三四十岁已婚的,统称	女客 $ȵy^{11}$ k^ha^{53}
0577	单身汉	棍棍佬 $kuən^{33}$ $kuən^{33}$ lo^{243}
0578	老姑娘	老小娘儿 lo^{11} $sɯ^{33}$ $ȵyõn^{243}$
0579	婴儿	毛头儿 mo^{33} $dɤn^{334}$ ∣ 毛头年=儿 mo^{33} $dɤ^{33}$ $niã̃n^{334}$
0580	小孩三四岁的,统称	细佬儿 $ɕia^{33}$ lon^{55}
0581	男孩统称:外面有个~在哭	细男子儿 $ɕia^{33}$ $nə̃^{55}$ $tsɿn^0$
0582	女孩统称:外面有个~在哭	细女客儿 $ɕia^{33}$ $ȵy^{55}$ k^han^0
0583	老人七八十岁的,统称	老人家 lo^{11} $lən^{11}$ $tɕia^{53}$
0584	亲戚统称	亲戚 $ts^hən^{33}$ $ts^hɛ^{423}$
0585	朋友统称	朋友 $bən^{11}$ $iɤ^{243}$
0586	邻居统称	邻舍家 $liən^{11}$ $ɕia^{33}$ $tɕia^{334}$
0587	客人	客人 k^ha^{33} $ȵiən^{334}$
0588	农民	种田地个 $tɕyon^{33}$ $diã̃^{33}$ di^{33} $kə^0$ ∣ 农民 lon^{24} $miən^{334}$新

续表

编号	词条	发音
0589	商人	做生意个 tsɯ³³ sɛ̃³³ i³³ kə⁰
0590	手艺人统称	做手艺个 tsɯ³³ ɕiɤ³³ ɲi³³ kə⁰
0591	泥水匠	泥水匠 ɲi¹¹ ɕy³³ zyõ²⁴ ｜ 泥水师父 ɲi¹¹ ɕy³³ sๅ³³ vu²⁴³
0592	木匠	木匠 mə¹¹ zyõ²⁴ ｜ 木匠师父 mə¹¹ zyõ¹¹ sๅ³³ vu²⁴³
0593	裁缝	裁缝 za²⁴ von³³⁴ ｜ 裁缝师父 za¹¹ von¹¹ sๅ³³ vu²⁴³
0594	理发师	剃头郎 tʰi³³ dɤ³³ lan²⁴ ｜ 剃头师父 tʰi³³ dɤ³³ sๅ³³ vu²⁴³
0595	厨师	厨师 dʑy²⁴ sๅ³³⁴
0596	师傅	师父 sๅ³³ vu²⁴³
0597	徒弟	徒弟 du¹¹ di²⁴³
0598	乞丐统称,非贬称(无统称则记成年男的)	讨饭个 tʰo³³ vã³³ kə³³⁴
0599	妓女	婊子 pi³³ tsๅ⁵³
0600	流氓	流氓 liɤ²⁴ man³³⁴
0601	贼	贼 zə²³² ｜ 贼骨头 zə¹¹ kuə³³ dɤ²⁴³
0602	瞎子统称,非贬称(无统称则记成年男的)	瞎眼儿 ɕia⁵⁵ ŋãn³³⁴
0603	聋子统称,非贬称(无统称则记成年男的)	耳朵聋 n¹¹ tɯ³³ lən²⁴³
0604	哑巴统称,非贬称(无统称则记成年男的)	哑巴儿 ia⁵⁵ pan⁰
0605	驼子统称,非贬称(无统称则记成年男的)	驼背 dɯ²⁴ pa³³⁴
0606	瘸子统称,非贬称(无统称则记成年男的)	牵⁼脚个 tɕʰiɛ̃³³ tɕyo³³ kə³³⁴
0607	疯子统称,非贬称(无统称则记成年男的)	癫佬 tiã³³ lo²⁴³

续表

编号	词　条	发　音
0608	傻子统称,非贬称(无统称则记成年男的)	痴呆 tʃʰi⁵⁵ŋa³³⁴ ∣ 呆大 ŋa²⁴duɯ²⁴
0609	笨蛋蠢的人	笨家伙 bən²⁴tɕia⁵⁵xɯ⁰
0610	爷爷呼称,最通用的	爷爷 ia²⁴ia³³⁴
0611	奶奶呼称,最通用的	妈妈 ma²⁴ma³³⁴
0612	外祖父叙称	外公 ŋa¹¹kon⁵³
0613	外祖母叙称	外婆 ŋa¹¹buɯ²⁴³
0614	父母合称	爷娘 ia²⁴n̠yõ³³⁴
0615	父亲叙称	爷 ia¹¹³
0616	母亲叙称	娘 n̠yõ¹¹³
0617	爸爸呼称,最通用的	伯伯 pa³³pa⁵⁵
0618	妈妈呼称,最通用的	姆妈 m⁵⁵ma³³⁴
0619	继父叙称	晚爷 mã¹¹ia²⁴
0620	继母叙称	晚娘 mã¹¹n̠yõ²⁴
0621	岳父叙称	丈人 dzyõ¹¹n̠iən²⁴
0622	岳母叙称	丈母 dzyõ¹¹m²⁴³
0623	公公叙称	公 kon⁵³⁴
0624	婆婆叙称	婆 buɯ¹¹³
0625	伯父呼称,统称	大伯伯 duɯ¹¹pa⁵⁵pa⁰
0626	伯母呼称,统称	姐姐 tsia³³tsia⁵⁵
0627	叔父呼称,统称	叔叔 ɕyɯ³³ɕyɯ⁵⁵
0628	排行最小的叔父呼称,如"幺叔"	细叔儿 ɕia³³ɕyɯn⁵³ ∣ 叔排行加"叔"ɕyɯ⁴²³
0629	叔母呼称,统称	婶婶 sən³³sən⁵⁵
0630	姑呼称,统称(无统称则记分称:比父大,比父小;已婚,未婚)	姑姑 ku³³ku⁵⁵

续表

编号	词　条	发　音
0631	姑父 呼称,统称	姑夫 ku^{55}fu^{334}
0632	舅舅 呼称	舅舅 dziɤ^{11}dziɤ^{243}
0633	舅妈 呼称	舅母 dziɤ^{11}m^{243}
0634	姨 呼称,统称(无统称则记分称:比母大,比母小;已婚,未婚)	大姨 du^{11}i^{243} 比母大｜细姨 ɕia^{33}i^{334} 比母小
0635	姨父 呼称,统称	姨夫 i^{24}fu^{334}
0636	弟兄 合称	哥弟 kɯ^{33}di^{243}
0637	姊妹 合称,注明是否可包括男性	姊妹 tʃi^{55}ma^{55}
0638	哥哥 呼称,统称	哥哥 kɯ^{55}kɯ^{334}
0639	嫂子 呼称,统称	嫂嫂 so^{55}so^{55}
0640	弟弟 叙称	弟弟儿 di^{11}din^{243}
0641	弟媳 叙称	弟妇 di^{11}u^{243}
0642	姐姐 呼称,统称	姊姊 tʃi^{33}tʃi^{55}
0643	姐夫 呼称	姊夫 tʃi^{33}fu^{53}
0644	妹妹 叙称	妹妹 ma^{11}ma^{24}
0645	妹夫 叙称	妹夫 ma^{11}fu^{53}
0646	堂兄弟 叙称,统称	叔伯哥弟 ɕyɯ^{33}pɑ^{33}kɯ^{33}di^{243}
0647	表兄弟 叙称,统称	表哥表弟 pi^{33}kɯ^{33}pi^{33}di^{243}
0648	妯娌 弟兄妻子的合称	叔伯母 ɕyɯ^{33}pɑ^{33}m^{243}
0649	连襟 姊妹丈夫的关系,叙称	两姨夫 lyõ^{11}i^{11}fu^{53}
0650	儿子 叙称:我的～	儿 n^{113}
0651	儿媳妇 叙称:我的～	新鲁= sən^{33}lu^{243}
0652	女儿 叙称:我的～	囡儿 nãn^{243}
0653	女婿 叙称:我的～	女婿 ȵy^{11}ʃi^{55}

续表

编号	词　条	发　音
0654	孙子 儿子之子	孙 $\mathrm{s\tilde{ə}^{534}}$
0655	重孙子 儿子之孙	玄孙 $\mathrm{y\tilde{e}^{11}s\tilde{ə}^{334}}$
0656	侄子 弟兄之子	孙 $\mathrm{s\tilde{ə}^{534}}$
0657	外甥 姐妹之子	外甥 $\mathrm{\eta a^{11}s\tilde{\varepsilon}^{53}}$
0658	外孙 女儿之子	外甥 $\mathrm{\eta a^{11}s\tilde{\varepsilon}^{53}}$
0659	夫妻 合称	两公婆 $\mathrm{ly\tilde{o}^{11}kon^{55}bw^{0}}$
0660	丈夫 叙称，最通用的，非贬称：她的～	老公 $\mathrm{lo^{11}kon^{55}}$
0661	妻子 叙称，最通用的，非贬称：他的～	家里佬 $\mathrm{t\varphi ia^{33}li^{33}lo^{243}}$ 旧｜老马= $\mathrm{lo^{11}mia^{243}}$
0662	名字	名头 $\mathrm{mi\partial n^{24}d\gamma^{334}}$
0663	绰号	绰名 $\mathrm{ts^{h}yo^{33}mi\partial n^{243}}$

十、农工商文

编号	词　条	发　音
0664	干活儿 统称：在地里～	做生活 $\mathrm{tsw^{33}s\tilde{\varepsilon}^{33}ua^{334}}$
0665	事情 一件～	事干 $\mathrm{z\gamma^{24}g\tilde{ə}^{24}}$ "干"字声母特殊
0666	插秧	种田 $\mathrm{t\varphi yon^{33}di\tilde{a}^{334}}$
0667	割稻	割稻 $\mathrm{kw^{33}do^{243}}$
0668	种菜	种菜 $\mathrm{t\varphi yon^{33}ts^{h}a^{55}}$
0669	犁 名词	犁 $\mathrm{li^{113}}$
0670	锄头	锄头 $\mathrm{z\gamma^{24}d\gamma^{334}}$
0671	镰刀	钐镴 $\mathrm{\varphi ya^{33}t\varphi i^{423}}$

续表

编号	词条	发音
0672	把儿刀~	柄 piən⁵⁵
0673	扁担	扁担 piẽ⁵⁵tã⁵⁵
0674	箩筐	麻⁼篮⁼儿 miɑ²⁴lãn³³⁴
0675	筛子统称	筛 sɿ⁵³⁴
0676	簸箕农具,有梁的	扎⁼箕儿 tsɑ³³tʃin³³⁴
0677	簸箕簸米用	拚①箕 pə̃⁵⁵tʃi³³⁴
0678	独轮车	单轮车 tã³³lən³³tɕʰyɑ³³⁴ ｜ 手车儿 ɕiɤ³³tɕʰyɑn⁵³
0679	轮子旧式的,如独轮车上的	轮盘 lən²⁴bə̃³³⁴ ｜ 轮胎 lən¹¹tʰa⁵³
0680	碓整体	踏碓 dzyɑ¹¹ta⁵⁵人踩 ｜ 水碓 ɕy⁵⁵ta⁵⁵水力
0681	臼	瘦⁼臼 ɕiɤ³³dʑiɤ²⁴³
0682	磨名词	麦磨 mɑ¹¹mɯ²⁴
0683	年成	收成 ɕiɤ⁵⁵dziən³³⁴
0684	走江湖统称	走江湖 tsɤ³³kõ⁵⁵u⁰
0685	打工	打零工 nɛ̃³³liən³³kon⁵³
0686	斧子	斧头 fu⁵⁵dɤ⁵⁵
0687	钳子	老虎钳 lo²⁴xu⁵⁵dʑiẽ⁰
0688	螺丝刀	起子 tʃʰi³³tsɿ⁵³
0689	锤子	铁锤儿 tʰia³³dzyn²⁴³
0690	钉子	铁钉 tʰia⁵⁵tiən³³⁴
0691	绳子	绳 ziən¹¹³ ｜ 索 so⁴²³更粗
0692	棍子	棍 kuən⁵³
0693	做买卖	做生意 tsɯ³³sɛ̃³³i⁵⁵

---

① 《广韵》去声问韵方问切:"拚,扫除也。"

续表

编号	词 条	发 音
0694	商店	店 tiɑ̃^{55}
0695	饭馆	荤⁼店 xuən^{55}tiɑ̃^{334} | 饭店 vɑ̃^{24}tiɑ̃^{0}
0696	旅馆旧称	歇店 ɕi^{55}tiɑ̃^{55}
0697	贵	贵 tɕy^{55}
0698	便宜	贱 ziẽ^{24} | 便宜 biẽ^{24}i^{334}新
0699	合算	合算 kə^{55}sə̃^{0}
0700	折扣	折头 tsi^{33}dɤ^{334} | 折扣 tsə^{55}kʰɤ^{55}新
0701	亏本	折 zi^{232} | 折本 zi^{11}pən^{53}
0702	钱统称	洋钿① yõ^{24}diẽ^{334} | 钞票 tsʰo^{55}pʰi^{334}新
0703	零钱	散钞票 sɑ̃^{33}tsʰo^{55}pʰi^{0}
0704	硬币	角子 ko^{33}tsɿ^{53}
0705	本钱	本钿 pən^{55}niẽ^{55}后字声母被同化
0706	工钱	功夫钿 kon^{33}fu^{33}diẽ^{334} | 工钿 kon^{35}diẽ^{334}
0707	路费	盘缠 bə̃^{24}dʑyẽ^{334} | 车费 tɕʰyɑ^{55}fi^{334}新
0708	花～钱	用 yon^{24}
0709	赚卖一斤能～一毛钱	赚 dzɑ̃^{243}
0710	挣打工～了一千块钱	赚 dzɑ̃^{243}
0711	欠～他十块钱	欠 tɕʰiẽ^{55}
0712	算盘	算盘 sə̃^{55}bə̃^{55}
0713	秤统称	秤 tsʰiən^{55}
0714	称用杆秤～	称 tsʰiən^{534}
0715	赶集	趤市 bɛ^{11}zɿ^{243}
0716	集市	市日 zɿ^{11}ȵiə^{243}

① “钿”本字为“钱”。下同。

续表

编号	词条	发音
0717	庙会	（无）
0718	学校	学堂 o²⁴ dõ³³⁴
0719	教室	教室 tɕiɑ³³ sə⁴²³
0720	上学	读书 dɯ²⁴ ɕy³³⁴
0721	放学	放夜学 fõ³³ iɑ³³ o²⁴³
0722	考试	考试 kʰo⁵⁵ ʃi⁵⁵
0723	书包	书包袋 ɕy³³ po³³ da²⁴
0724	本子	簿 bu²⁴³
0725	铅笔	铅笔 kʰɑ̃³³ piə⁴²³
0726	钢笔	钢笔 kõ³³ piə⁴²³
0727	圆珠笔	原子笔 yẽ¹¹ tsʅ³³ piə⁵³
0728	毛笔	墨笔 mə¹¹ piə⁵³
0729	墨	墨 mə²³²
0730	砚台	墨砚儿 mə¹¹ iãn²⁴³
0731	信一封~	信 sən⁵⁵
0732	连环画	花书 xuɑ⁵⁵ ɕy³³⁴
0733	捉迷藏	幽⁼窠麻⁼沟⁼ iɤ³³ kʰɯ³³ miɑ²⁴ kɤ³³⁴
0734	跳绳	跳绳 tʰiɑ³³ ziən³³⁴
0735	毽子	球儿 dziɤn²³²
0736	风筝	纸鹞 tʃi⁵⁵ i⁵⁵
0737	舞狮	（无）
0738	鞭炮统称	火炮 xɯ⁵⁵ pʰo⁵⁵
0739	唱歌	唱歌儿 tsʰyõ³³ kɯn³³⁴
0740	演戏	做戏 tsɯ³³ ʃi⁵⁵

续表

编号	词 条	发 音
0741	锣鼓统称	锣鼓儿 luɯ¹¹kun⁵⁵
0742	二胡	胡琴 u²⁴dziən³³⁴
0743	笛子	笛儿 dɤn²³²
0744	划拳	豁拳 xuɑ³³dzyẽ³³⁴
0745	下棋	走棋 tsɤ³³dʒi²⁴³
0746	打扑克	打老 K nẽ³³lo²⁴kʰɛ⁰
0747	打麻将	搓麻将 tsʰo³³mia³³tsyõ⁵⁵
0748	变魔术	变戏法儿 piẽ³³ʃi³³fɑn³³⁴
0749	讲故事	讲大话 kõ³³duɯ²⁴uɑ⁰
0750	猜谜语	猜语儿 tsʰa³³ȵyn²⁴
0751	玩儿游玩：到城里~	嬉 ʃi⁵³⁴ ｜ 嬉□ ʃi⁵⁵kon³³⁴
0752	串门儿	刷=门=头 ɕyə³³mən³³dɤ²⁴³
0753	走亲戚	走亲戚 tsɤ³³tsʰən³³tsʰɛ⁴²³

十一、动作行为

编号	词 条	发 音
0754	看~电视	望 mõ²⁴
0755	听用耳朵~	听 tʰiən⁵⁵
0756	闻嗅：用鼻子~	喷= pʰən⁵⁵
0757	吸~气	吸 ɕiə⁴²³
0758	睁~眼	撑 tsʰɛ̃⁵³⁴
0759	闭~眼	纠= tɕiɤ⁵³⁴

续表

编号	词　条	发　音
0760	眨～眼	睞① tɕiɑ⁴²³
0761	张～嘴	开 kʰa⁵³⁴
0762	闭～嘴	□ pon⁵⁵
0763	咬狗～人	啮② ŋɯ²³²
0764	嚼把肉～碎	嚼 zyo²³²
0765	咽～下去	吞 tʰə̃⁵³⁴
0766	舔人用舌头～	舔 tʰiɑ̃⁵³
0767	含～在嘴里	含 ə̃¹¹³
0768	亲嘴	做□ tsɯ³³ pon³³⁴
0769	吮吸用嘴唇聚拢吸取液体,如吃奶时	欵③ tɕyə⁴²³
0770	吐上声,把果核儿～掉	吐 tʰu⁵³
0771	吐去声,呕吐:喝酒喝～了	吐 tʰu⁵⁵
0772	打喷嚏	打嚏 nɛ̃⁵⁵tʰi⁰
0773	拿用手把苹果～过来	驮 dɯ¹¹³
0774	给他～我一个苹果	担 nɑ̃⁵³⁴
0775	摸～头	摸 mo²³²
0776	伸～手	直 dzɛ²³²
0777	挠～痒痒	钯＝ bia¹¹³
0778	掐用拇指和食指的指甲～皮肉	扚④ te⁴²³

① 《集韵》入声洽韵讫洽切:"眇也。一曰目睫动。"

② 《广韵》入声屑韵五结切:"噬也。"参看曹志耘、秋谷裕幸主编(2016:34)。

③ 《广韵》入声术韵子聿切:"饮也。《玉篇》云:吮也。"参看曹志耘、秋谷裕幸主编(2016:35)。

④ 《广韵》入声锡韵都历切:"引也。"参看曹志耘、秋谷裕幸主编(2016:36)。

续表

编号	词条	发音
0779	拧~螺丝	搣① mi²³²
0780	拧~毛巾	绞 ko⁵³
0781	捻用拇指和食指来回~碎	搣 mi²³²
0782	掰把橘子~开,把馒头~开	脈② pʰɑ⁴²³
0783	剥~花生	剥 po⁴²³
0784	撕把纸~了	摭 tʃʰi⁵³ ｜ 劰③ ta⁵³
0785	折把树枝~断	□ ŋɑ⁵³
0786	拔~萝卜	拔 bia²³²
0787	摘~花	摘 tsɑ⁴²³
0788	站站立:~起来	徛 ga²⁴³
0789	倚斜靠:~在墙上	□ a¹¹³
0790	蹲~下	沟= kɤ⁵³⁴
0791	坐~下	坐 zɯ²⁴³
0792	跳青蛙~起来	□ ɕyo⁵³
0793	迈跨过高物:从门槛上~过去	勤= dziən¹¹³
0794	踩脚~在牛粪上	踏 dzyɑ²³²
0795	翘~腿	杠 goõ²⁴
0796	弯~腰	屈 kʰuə⁴²³
0797	挺~胸	挺 tʰiən⁵³
0798	趴~着睡	覆 pʰɯ⁴²³

① 《广韵》入声薛韵亡列切:"手拔。又摩也。"参看曹志耘、秋谷裕幸主编(2016:34)。

② 《集韵》入声陌韵匹陌切:"破物也。"参看曹志耘、秋谷裕幸主编(2016:36)。

③ 《五音篇海·卷十五力部》都罪切:"着力牵也。"参看曹志耘、秋谷裕幸主编(2016:31)。

续表

编号	词　条	发　音
0799	爬小孩在地上～	爬 bia¹¹³
0800	走慢慢儿～	走 tsɤ⁵³
0801	跑慢慢儿走,别～	跳 tʰɯ⁵⁵
0802	逃逃跑:小偷～走了	逃 do¹¹³
0803	追追赶:～小偷	趨 bɛ²³²
0804	抓～小偷	搭 tɕʰia⁵⁵
0805	抱把小孩～在怀里	抱 bu²³²
0806	背～孩子	背 pa⁵⁵
0807	搀～老人	搀 tsʰɑ̃⁵³⁴
0808	推几个人一起～汽车	勇⁼ yon⁵³
0809	摔跌:小孩～倒了	跌 tia⁴²³
0810	撞人～到电线杆上	撞 dʑyõ²⁴ ｜ □ lia²³²
0811	挡你～住我了,我看不见	闸⁼ zyɑ²⁴ ｜ 挡 tõ⁵³
0812	躲躲藏:他～在床底下	幽⁼ iɤ⁵³⁴
0813	藏藏放,收藏:钱～在枕头下面	园 kʰõ⁵⁵
0814	放把碗～在桌子上	摆 pɑ⁵³
0815	摞把砖～起来	叠 dia²³²
0816	埋～在地下	□ u⁵⁵
0817	盖把茶杯～上	盖 ka⁵⁵
0818	压用石头～住	揿 kʰən⁵⁵
0819	摁用手指按:～图钉	揿 kʰən⁵⁵
0820	捅用棍子～鸟窝	捅 tʰən⁵³
0821	插把香～到香炉里	插 tɕʰyɑ⁴²³

续表

编号	词条	发音
0822	戳~个洞	殸① tə⁴²³ | 戳 tɕʰyo⁴²³ 力道较小
0823	砍~树	斱② tsyo⁴²³
0824	剁把肉~碎做馅儿	劗 tsɑ̃⁵³⁴
0825	削~苹果	削 ɕyo⁴²³
0826	裂木板~开了	碱③ kuɑ⁴²³
0827	皱皮~起来	皱 tsiɤ⁵⁵
0828	腐烂死鱼~了	烂 lɑ̃²⁴
0829	擦用毛巾~手	揩 kʰɑ⁵³⁴
0830	倒把碗里的剩饭~掉	权= dʑyẽ¹¹³
0831	扔丢弃:这个东西坏了,~了它	倒 to⁵³
0832	扔投掷:比一比谁~得远	掼 guɑ̃²⁴
0833	掉掉落,坠落:树上~下一个梨	跌 tia⁴²³
0834	滴水~下来	漏 lɤ²⁴
0835	丢丢失:钥匙~了	跌 tia⁴²³
0836	找寻找:钥匙~到	寻 zən¹¹³
0837	捡~到十块钱	约= yo⁴²³
0838	提用手把篮子~起来	拎 liən⁵³⁴
0839	挑~担	揭④ guɯ²³²
0840	扛 káng,把锄头~在肩上	背 pa⁵⁵

① 《集韵》入声屋韵都毒切:"椎击物也。"

② 《广韵》入声觉韵竹角切:"削也。"《集韵》入声觉韵竹角切:"《说文》:斫也。"参看曹志耘、秋谷裕幸主编(2016:36)。

③ 《广韵》入声麦韵古获切:"碱破。"

④ 《广韵》入声月韵其谒切:"担揭物也。"《集韵》入声月韵其谒切:"担也。"参看曹志耘、秋谷裕幸主编(2016:34)。

续表

编号	词　条	发　音
0841	抬~轿	扛 kõ⁵³⁴
0842	举~旗子	□ gɛ̃¹¹³
0843	撑~伞	撑 tsʰɛ̃⁵³⁴
0844	撬把门~开	撬 tɕʰi⁵³
0845	挑挑选,选择:你自己~一个	择 dzɑ²³²
0846	收拾~东西	收约⁼ ɕiɤ³³ yo³³⁴
0847	挽~袖子	滚 kuən⁵³
0848	涮把杯子~一下	荡 dõ²⁴³
0849	洗~衣服	洗 ʃi⁵³
0850	捞~鱼	捞 luɯ¹¹³
0851	拴~牛	吊 tɯ⁵⁵
0852	捆~起来	缚 bo²³²
0853	解~绳子	解 kɑ⁵³
0854	挪~桌子	移 i¹¹³
0855	端~碗	捧 pʰon⁵³
0856	摔碗~碎了	跌 tia⁴²³
0857	掺~水	冲 tɕʰyon⁵³⁴ ｜ 和 ɯ²⁴
0858	烧~柴	烧 suɯ⁵³⁴
0859	拆~房子	拆 tsʰɑ⁴²³
0860	转~圈儿	刷⁼ ɕyə⁴²³
0861	捶用拳头~	敲 kʰo⁵³⁴
0862	打统称:他~了我一下	打 nɛ̃⁵³
0863	打架动手:两个人在~	打相打 nɛ̃³³ ɕyõ³³ nɛ̃⁵³
0864	休息	歇力 ɕi³³ lɛ²⁴³

续表

编号	词　条	发　音
0865	打哈欠	开大口 kʰa³³ dɯ³³ kʰɤ⁵³
0866	打瞌睡	打瞌睡 nɛ̃⁵⁵ kʰə⁰ tɕʰyon⁰
0867	睡他已经~了	鼾 xə̃⁵³⁴
0868	打呼噜	牵牛鼾 tɕʰiɛ̃³³ ȵiɤ³³ xə̃³³⁴
0869	做梦	得梦 tɛ⁵⁵ mon⁰
0870	起床	爬起 bia¹¹ tʃʰi⁵³
0871	刷牙	洗牙齿 ʃi³³ ȵia³³ tsʅ⁵³
0872	洗澡	洗浴 ʃi³³ yɯ²⁴³
0873	想思索:让我~一下	忖 tsʰə̃⁵³
0874	想想念:我很~他	忖 tsʰə̃⁵³
0875	打算我~开个店	打算 nɛ̃⁵⁵ sə̃⁵⁵
0876	记得	记得 tʃi⁵⁵ tɛ⁵⁵
0877	忘记	忘头⁼ mə̃¹¹ dɤ²⁴³
0878	怕害怕:你别~	惊 kuɛ̃⁵³⁴
0879	相信我~你	相信 ɕyõ³³ siən⁵⁵
0880	发愁	愁 ʑiɤ¹¹³
0881	小心过马路要~	小心 sɯ³³ sən⁵³
0882	喜欢~看电视	欢喜 xuɑ̃³³ ʃi⁵³
0883	讨厌~这个人	讨厌 tʰo⁵⁵ iɛ̃⁰
0884	舒服凉风吹来很~	舒服 ɕy³³ və³³⁴
0885	难受生理的	难过农 nɑ̃¹¹ kɯ³³ lən³³⁴ | 难过 nɑ̃¹¹ kɯ⁵⁵
0886	难过心理的	难过农 nɑ̃¹¹ kɯ³³ lən³³⁴ | 难过 nɑ̃¹¹ kɯ⁵⁵
0887	高兴	高兴 ko⁵⁵ ɕiən³³⁴
0888	生气	气 tʃʰi⁵⁵

续表

编号	词　条	发　音
0889	责怪	责怪 tsɑ³³ kuɑ³³⁴
0890	后悔	后悔 ɤ²⁴ xua⁰
0891	忌妒	妒忌 tu³³ dʒi²⁴
0892	害羞	惊倒霉 kuɛ̃³³ to³³ ma²⁴³
0893	丢脸	七⁼霉头 tsʰə³³ ma³³ dɤ²⁴³
0894	欺负	欺负 tʃʰi³³ u²⁴³
0895	装～病	装假 tɕyõ³³ tɕiɑ⁵³
0896	疼～小孩儿	苦痛 kʰu⁵⁵ tʰən⁵⁵
0897	要我～这个	要 i⁵⁵
0898	有我～一个孩子	有 iɤ²⁴³
0899	没有他～孩子	无没 m¹¹ mə²⁴ ｜ 无有 m¹¹ iɤ²⁴
0900	是我～老师	是 ʑi²⁴³
0901	不是他～老师	弗是 fə³³ ʑi²⁴³
0902	在他～家	是呐⁼ ʑi¹¹ nɤ²⁴³
0903	不在他～家	无没是呐⁼ m¹¹ mə²⁴ ʑi¹¹ nɤ²⁴³
0904	知道我～这件事	晓得 ɕi³³ tɛ⁵³
0905	不知道我～这件事	弗晓得 fə³³ ɕi³³ tɛ⁵³
0906	懂我～英语	懂 tən⁵³
0907	不懂我～英语	弗懂 fə³³ tən⁵³
0908	会我～开车	会 ua²⁴ ｜ ……得来 tə⁰ la⁰
0909	不会我～开车	弗会 fə⁵⁵ ua⁵⁵ ｜ ……弗来 fə⁰ la⁰
0910	认识我～他	认着 ȵiən¹¹ yo²⁴
0911	不认识我～他	认弗着 ȵiən¹¹ fən³³ yo²³²
0912	行应答语	好个 xo³³ kə⁰

续表

编号	词　条	发　音
0913	不行_{应答语}	弗好 fə³³xo⁵⁵
0914	肯~来	肯 kʰən⁵³
0915	应该~去	应该 iən⁵⁵ka³³⁴ ｜ 该 ka⁵³⁴
0916	可以~去	好 xo⁵³ ｜ 可以 kʰɯ⁵⁵i⁰
0917	说~话	讲 kõ⁵³
0918	话说~	话 uɑ²⁴
0919	聊天儿	谈天儿 dã¹¹tʰiãn³³⁴
0920	叫~他一声儿	讴 ɤ⁵³⁴
0921	吆喝_{大声喊}	盗⁼ dɑ²⁴³
0922	哭小孩~	哭 kʰɯ⁴²³
0923	骂当面~人	骂 mia²⁴
0924	吵架_{动嘴:两个人在~}	讨相骂 tʰo³³ɕyõ⁵⁵mia⁰ ｜ 争相骂 tsɛ³³ɕyõ³³mia⁵⁵
0925	骗~人	骗 pʰiẽ⁵⁵
0926	哄~小孩	□ iã²⁴
0927	撒谎	骗农 pʰiẽ³³lən³³⁴
0928	吹牛	吹牛屄 tɕʰy³³ɲiɤ³³pi³³⁴
0929	拍马屁	拍马屁 pʰo⁵⁵mia⁰pʰi⁰
0930	开玩笑	讲念笑 kõ³³ɲiã²⁴sɯ⁰
0931	告诉~他	木⁼……讲 mɯ⁵⁵……kõ⁵³
0932	谢谢_{致谢语}	谢谢 zia¹¹zia²⁴
0933	对不起_{致歉语}	对弗住 ta⁵⁵fə⁰dʐy⁰
0934	再见_{告别语}	宽慢 kʰuã⁵⁵mã³³⁴

十二、性质状态

编号	词条	发音
0935	大_{苹果~}	大 duɯ²⁴
0936	小_{苹果~}	细 ɕia⁵⁵
0937	粗_{绳子~}	粗 tsʰu⁵³⁴
0938	细_{绳子~}	细 ʃi⁵⁵
0939	长_{线~}	长 dzyõ¹¹³
0940	短_{线~}	短 tə̃⁵³
0941	长_{时间~}	长 dzyõ¹¹³
0942	短_{时间~}	短 tə̃⁵³
0943	宽_{路~}	阔 kʰuɑ⁴²³
0944	宽敞_{房子~}	空 kʰon⁵⁵ | 宽空 kʰuɑ̃⁵⁵kʰon³³⁴
0945	窄_{路~}	狭 iɑ²³²
0946	高_{飞机飞得~}	高 ko⁵³⁴
0947	低_{鸟飞得~}	低 ti⁵³⁴
0948	高_{他比我~}	长 dzyõ¹¹³
0949	矮_{他比我~}	短 tə̃⁵³
0950	远_{路~}	远 yẽ²⁴³
0951	近_{路~}	近 dziən²⁴³
0952	深_{水~}	深 sən⁵³⁴
0953	浅_{水~}	浅 tsʰiẽ⁵³
0954	清_{水~}	清 tsʰiən⁵³⁴
0955	浑_{水~}	浑 uən¹¹³
0956	圆	掘=轮= guə²⁴lən³³⁴

编号	词 条	发 音
0957	扁	扁 piẽ⁵³
0958	方	跌=方 tia³³fõ³³⁴
0959	尖	尖 tsiẽ⁵³⁴
0960	平	平 biən¹¹³
0961	肥~肉	肥 vi¹¹³
0962	瘦~肉	腈 tsiən⁵³⁴
0963	肥形容猪等动物	壮 tɕyõ⁵⁵
0964	胖形容人	壮 tɕyõ⁵⁵
0965	瘦形容人、动物	瘦 ɕiɤ⁵⁵
0966	黑黑板的颜色	黑 xə⁴²³
0967	白雪的颜色	白 bɑ²³²
0968	红国旗的主颜色,统称	红 on¹¹³
0969	黄国旗上五星的颜色	黄 õ¹¹³
0970	蓝蓝天的颜色	蓝 lɑ̃¹¹³
0971	绿绿叶的颜色	绿 luɯ²³²
0972	紫紫药水的颜色	紫 tsʅ⁵³
0973	灰草木灰的颜色	灰 xua⁵³⁴
0974	多东西~	多 tuɯ⁵³⁴
0975	少东西~	少 suɯ⁵³
0976	重担子~	重 dzyon²⁴³
0977	轻担子~	轻 tɕʰiən⁵³⁴
0978	直线~	直 dzɛ²³²
0979	陡坡~,楼梯~	峻 sən⁵⁵
0980	弯弯曲:这条路是~的	屈 kʰuə⁴²³

续表

编号	词　条	发　音
0981	歪帽子戴～了	件= dziẽ²⁴³
0982	厚木板～	厚 gɤ²⁴³
0983	薄木板～	薄 bo²³²
0984	稠稀饭～	厚 gɤ²⁴³
0985	稀稀饭～	薄 bo²³²
0986	密菜种得～	密 miə²³²
0987	稀稀疏:菜种得～	稀 ʃi⁵³⁴
0988	亮指光线,明亮	亮 lyõ²⁴
0989	黑指光线,完全看不见	黑 xə⁴²³
0990	热天气～	暖 lən²⁴³
0991	暖和天气～	暖 lən²⁴³
0992	凉天气～	凉 lyõ¹¹³
0993	冷天气～	冷 nɛ̃²⁴³
0994	热水～	热 n̠i²³²
0995	凉水～	冷 lɛ̃²⁴³
0996	干干燥:衣服晒～了	燥 so⁵⁵
0997	湿潮湿:衣服淋～了	鹊= tsʰyo⁴²³
0998	干净衣服～	净洁 ziən¹¹tʃi⁵³
0999	脏肮脏,不干净,统称:衣服～	燋= 糟 o⁵⁵tso³³⁴
1000	快锋利:刀子～	快 kʰuɑ⁵⁵
1001	钝刀～	朱= tɕy⁵³⁴
1002	快坐车比走路～	快 kʰuɑ⁵⁵
1003	慢走路比坐车～	懈 gɑ²⁴³

编号	词　条	发　音
1004	早来得~	早 tso⁵³
1005	晚来~了	晏 ã⁵⁵
1006	晚天色~	晏 ã⁵⁵
1007	松捆得~	宽 kʰuã⁵³⁴
1008	紧捆得~	紧 tɕiən⁵³
1009	容易这道题~	省力 sɛ̃³³lɛ²⁴³
1010	难这道题~	吃力 tɕʰiə³³lɛ²⁴³
1011	新衣服~	新 sən⁵³⁴
1012	旧衣服~	旧 dziɤ²⁴
1013	老人~	老 lo²⁴³
1014	年轻人~	年纪轻 ȵiã²⁴tʃi³³tɕʰiən⁵³⁴
1015	软糖~	软 ȵyẽ²⁴³ ｜ 软相 ȵyẽ¹¹ɕyõ⁵⁵
1016	硬骨头~	硬 ŋɛ̃²⁴
1017	烂肉煮得~	霉 ma¹¹³
1018	糊饭烧~了	焦 tsɯ⁵³⁴
1019	结实家具~	结实 tɕiə³³zə²⁴³
1020	破衣服~	破 pʰα⁵⁵
1021	富他家很~	财主 za¹¹tɕy⁵³
1022	穷他家很~	跌꞊股꞊ tia³³ku⁵³ ｜ 穷 dʑyon¹¹³
1023	忙最近很~	忙 mõ¹¹³
1024	闲最近比较~	空 kʰon⁵⁵
1025	累走路走得很~	着力 dʑyo¹¹lɛ²⁴³旧 ｜ 吃力 tɕʰiə³³lɛ²⁴³
1026	疼摔~了	痛 tʰən⁵⁵

续表

编号	词　条	发　音
1027	痒皮肤~	痒 yõ²⁴³
1028	热闹看戏的地方很~	闹热 lo¹¹n̠i²⁴³
1029	熟悉这个地方我很~	熟 zyɯ²³²
1030	陌生这个地方我很~	陌生 mo²⁴sɛ̃³³⁴
1031	味道尝尝~	味道 vi¹¹do²⁴³
1032	气味闻闻~	气色 tʃʰi³³sə⁴²³
1033	咸菜~	咸 ɑ̃¹¹³
1034	淡菜~	淡 dɑ̃²⁴³
1035	酸	酸 sə̃⁵³⁴
1036	甜	甜 diɑ̃¹¹³
1037	苦	苦 kʰu⁵³
1038	辣	辣 luɑ²³²
1039	鲜鱼汤~	鲜味 siẽ⁵⁵viᵛ³³⁴
1040	香	香 ɕyõ⁵³⁴
1041	臭	臭 tsʰiɤ⁵⁵
1042	馊饭~	馊气 ɕiɤ⁵⁵tʃʰi³³⁴
1043	腥鱼~	腥气 siən⁵⁵tʃʰi³³⁴
1044	好人~	好 xo⁵³
1045	坏人~	疲① ɕiə⁴²³
1046	差东西质量~	疲 ɕiə⁴²³
1047	对账算~了	对 tã⁵⁵
1048	错账算~了	赚 dzɑ̃²⁴

---

① 《集韵》入声缉韵迄及切:"病劣也。"参看曹志耘、秋谷裕幸主编(2016:34)。

续表

编号	词　条	发　音
1049	漂亮形容年轻女性的长相:她很~	精=记= tsiən⁵⁵tʃi³³⁴
1050	丑形容人的长相:猪八戒很~	难望 nã¹¹mõ²⁴
1051	勤快	勤力 dziən²⁴lɛ³³⁴
1052	懒	懒 lã²⁴³
1053	乖	会= ua²⁴
1054	顽皮	蛮 mã¹¹³ ｜ 皮 bi¹¹³
1055	老实	老实 lo¹¹zə²⁴³
1056	傻痴呆	痴呆 tʃʰi⁵⁵ŋa³³⁴
1057	笨蠢	笨 bən²⁴ ｜ 迟钝 dʒi²⁴dən²⁴
1058	大方不吝啬	大气 dɯ²⁴tʃʰi³³⁴
1059	小气吝啬	小气 sɯ⁵⁵tʃʰi⁵⁵
1060	直爽性格~	直爽 dzɛ¹¹ɕyõ⁵⁵
1061	犟脾气~	硬头颈 ŋɛ̃¹¹dɤ¹¹tɕiən⁵³

十三、数　量

编号	词　条	发　音
1062	一~二三四五……,下同	一 iən⁴²³
1063	二	两 lyõ²⁴³
1064	三	三 sã⁵³⁴
1065	四	四 ʃi⁵⁵
1066	五	五 n²³²
1067	六	六 lɯ²³²

续表

编号	词　条	发　音
1068	七	七 tsʰə⁴²³
1069	八	八 pia⁴²³
1070	九	九 tɕiɤ⁵³
1071	十	十 zə²³²
1072	二十	廿 n̠iɑ̃²⁴
1073	三十	三十 sɑ̃⁵⁵zə³³⁴
1074	一百	一百 iə³³pɑ⁵⁵
1075	一千	一千 iə³³tsʰiɑ̃³³⁴
1076	一万	一万 iə³³vɑ̃²⁴
1077	一百零五	一百零五 iə³³pɑ⁵⁵liən¹¹n²³²
1078	一百五十	一百五十 iə³³pɑ⁵⁵n²⁴zə⁰ ｜ 一百五 iə³³pɑ³³n²⁴³
1079	第一~,第二	第一 di¹¹iə⁵³
1080	二两重量	两两 lyõ²⁴lyõ⁰
1081	几个你有~孩子?	几个 tʃi⁵⁵kɑ⁰
1082	俩你们~	两个 lyõ²⁴kɑ⁰
1083	仁你们~	三个 sɑ̃⁵⁵kɑ³³⁴
1084	个把	个把儿 kɑ⁵⁵pian⁵⁵
1085	个一~人	个 kɑ⁵⁵
1086	匹一~马	啰 lɯ⁵⁵
1087	头一~牛	啰 lɯ⁵⁵
1088	头一~猪	个 kɑ⁵⁵
1089	只一~狗	只 tsɛ⁵⁵
1090	只一~鸡	只 tsɛ⁵⁵
1091	只一~蚊子	个 kɑ⁵⁵

编号	词 条	发 音
1092	条——~鱼	个 kɑ⁵⁵
1093	条——~蛇	根 kən⁵³⁴
1094	张——~嘴	夫⁼ fu⁵³⁴
1095	张——~桌子	张 tsyõ⁵³⁴
1096	床——~被子	床 ʐyõ¹¹³
1097	领——~席子	根 kən⁵³⁴ ｜ 定⁼ diən²⁴
1098	双——~鞋	双 ɕyõ⁵³⁴
1099	把——~刀	把① pia⁵⁵
1100	把——~锁	把 pia⁵⁵ ｜ 管 kuã⁵⁵
1101	根——~绳子	根 kən⁵³⁴
1102	支——~毛笔	支 tsʅ⁵⁵
1103	副——~眼镜	副 fu⁵⁵
1104	面——~镜子	面 mɛ̃⁵⁵
1105	块——~香皂	块 kʰua⁵⁵
1106	辆——~车	夫⁼ fu⁵³⁴
1107	座——~房子	胎⁼ tʰa⁵³⁴
1108	座——~桥	夫⁼ fu⁵³⁴
1109	条——~河	埭 lɑ⁵⁵声母、声调特殊
1110	条——~路	埭 lɑ⁵⁵声母、声调特殊
1111	棵——~树	周⁼ tsiɤ⁵³⁴
1112	朵——~花	朵 tɯ⁵⁵
1113	颗——~珠子	粒 lɯ⁵⁵

① "把"字作为量词发生了变调。下文"管、支、面、埭、朵、粒、餐、帖、股、角、些"等同。

续表

编号	词　条	发　音
1114	粒一～米	粒 lɯ⁵⁵
1115	顿一～饭	餐 tsʰɑ̃⁵⁵
1116	剂一～中药	帖 tʰia⁵⁵
1117	股一～香味	股 ku⁵⁵
1118	行一～字	横 uɛ̃¹¹³
1119	块一～钱	块 kʰua⁵⁵
1120	毛角:一～钱	角 ko⁵⁵
1121	件一～事情	宽⁼ kʰuɑ̃⁵⁵
1122	点儿一～东西	末⁼儿 mɯn⁵⁵
1123	些一～东西	些 sɯ⁵⁵
1124	下打一～,动量词,不是时量词	记 tʃi⁵⁵
1125	会儿坐了一～	记儿 tʃin⁵⁵
1126	顿打一～	糙⁼ tsʰo⁵⁵
1127	阵下了一～雨	阵 dzən²⁴
1128	趟去了一～	埭 dɑ²⁴

十四、代副介连词

编号	词　条	发　音
1129	我～姓王	我 ɑ⁵³
1130	你～也姓王	尔 n⁵³
1131	您尊称	（无）
1132	他～姓张	渠 zi²³²

编号	词　条	发　音
1133	我们不包括听话人：你们别去，～去	我嘚 $a^{55}tɛ^0$
1134	咱们包括听话人：他们不去，～去吧	[我尔]嘚 $an^{55}tɛ^0$
1135	你们～去	尔嘚 $n^{55}tɛ^0$
1136	他们～去	渠嘚 $ʑi^{24}tɛ^{334}$
1137	大家～一起干	大家 $da^{11}ka^{53}$
1138	自己我～做的	自 $ʑi^{24}$
1139	别人这是～的	别个 $biə^{24}ka^{334}$
1140	我爸～今年八十岁	我嘚爷 $a^{55}tɛ^0ia^{113}$
1141	你爸～在家吗？	尔嘚爷 $n^{55}tɛ^0ia^{113}$
1142	他爸～去世了	渠嘚爷 $ʑi^{24}tɛ^0ia^{113}$
1143	这个我要～，不要那个	吉＝个 $tɕiə^{33}ka^{55}$
1144	那个我要这个，不要～	墨＝个 $mə^{11}ka^{53}$ ｜ 同＝个 $dən^{11}ka^{334}$ ｜ 大＝个 $da^{24}ka^{334}$ 无远近之别
1145	哪个你要～杯子？	哪个儿 $la^{11}kan^{53}$ ｜ 哪个 $la^{24}ka^0$
1146	谁你找～？	哪个儿 $la^{11}kan^{53}$ ｜ 哪个 $la^{24}ka^0$
1147	这里在～，不在那里	吉＝里 $tɕiə^{33}li^{334}$
1148	那里在这里，不在～	墨＝里 $mə^{24}li^0$ ｜ 同＝里 $dən^{11}li^{334}$ ｜ 大＝里 $da^{24}li^{334}$ 无远近之别
1149	哪里你到～去？	哪里 $la^{24}li^0$
1150	这样事情是～的，不是那样的	袋＝儿 dan^{24} ｜ 吉＝生 $tɕiə^{33}s\tilde{ɛ}^{334}$
1151	那样事情是这样的，不是～的	墨＝生 $mə^{24}s\tilde{ɛ}^0$
1152	怎样什么样：你要～的？	相＝信 $ɕyõ^{55}sən^{55}$
1153	这么～贵啊	袋＝ da^{24}
1154	怎么这个字～写？	相＝信＝ $ɕyõ^{55}sən^{55}$

续表

编号	词　条	发　音
1155	什么这个是~字？	咯=力= gə¹¹lɛ²⁴³
1156	什么你找~？	咯=力= gə¹¹lɛ²⁴³
1157	为什么你~不去？	为咯=力= uɛ¹¹gə¹¹lɛ²⁴³
1158	干什么你在~？	姜=爱= tɕyõ⁵⁵a⁰
1159	多少这个村有~人？	多少 tɯ³³sɯ⁵³
1160	很今天~热	门= mən⁵⁵
1161	非常比上条程度深：今天~热	弗齐=高= fə³³zi³³ko⁵³ ｜危险 uɛ¹¹ɕiẽ⁵³
1162	更今天比昨天~热	严=家 n̠iẽ¹¹kɑ⁵⁵
1163	太这个东西~贵，买不起	忒 tʰə⁴²³
1164	最弟兄三个中他~高	顶 tiən⁵³
1165	都大家~来了	都 tɯ⁵³⁴
1166	一共~多少钱？	统起 tʰən⁵⁵tʃʰi⁰
1167	一起我和你~去	同徐= dən²⁴zi³³⁴
1168	只我~去过一趟	只 tsɛ⁵⁵
1169	刚这双鞋我穿着~好	扣=末=儿 kʰɤ³³mɯn⁵⁵
1170	刚我~到	还只= uɑ̃¹¹tsɛ⁵⁵
1171	才你怎么~来啊？	还只= uɑ̃¹¹tsɛ⁵⁵
1172	就我吃了饭~去	就 ziɤ²⁴
1173	经常我~去	三=北=床= sɑ̃³³pə³³zyõ³³⁴
1174	又他~来了	意= i⁵⁵
1175	还他~没回家	还 uɑ̃¹¹³
1176	再你明天~来	再 tsa⁵⁵
1177	也我~去；我~是老师	也 ia²⁴
1178	反正不用急，~还来得及	横直 uɛ̃¹¹dzɛ²⁴ ｜反正 fɑ̃⁵⁵tsiən⁰ 新

编号	词 条	发 音
1179	没有 昨天我~去	无没 m¹¹mə²⁴
1180	不 明天我~去	弗 fə⁴²³
1181	别 你~去	覅 fɛ⁵⁵
1182	甭 不用,不必:你~客气	覅 fɛ⁵⁵
1183	快 天~亮了	□ tɕʰiã⁵⁵
1184	差点儿 ~摔倒了	推扳袋= 一末=儿 tʰa³³pã⁵³da²⁴iə³³mɯn⁵⁵
1185	宁可 ~买贵的	情扣= ziən¹¹kʰɤ⁵⁵
1186	故意 ~打破的	特镜= də¹¹tɕiən⁵⁵
1187	随便 ~弄一下	随便 zɛ¹¹biẽ²⁴
1188	白 ~跑一趟	白白哩 ba²⁴ba⁰li²⁴
1189	肯定 ~是他干的	笃定 tə³³diən²⁴ ｜ 呆板 ŋa¹¹pã⁵³
1190	可能 ~是他干的	一= 佛= 拉= 讲 iə³³və³³la³³kõ⁵⁵
1191	一边 ~走,~说	(无)
1192	和 我~他都姓王	木= mɯ⁵⁵ ｜ 慌= xõ⁵⁵
1193	和 我昨天~他去城里了	木= mɯ⁵⁵ ｜ 慌= xõ⁵⁵
1194	对 他~我很好	对 ta⁵⁵
1195	往 ~东走	木= mɯ⁵⁵
1196	向 ~他借一本书	木= mɯ⁵⁵
1197	按 ~他的要求做	依 i⁵⁵ ｜ 照 tsɯ⁵⁵
1198	替 ~他写信	木= mɯ⁵⁵
1199	如果 ~忙你就别来了	财= 讲 za¹¹kõ⁵⁵
1200	不管 ~怎么劝他都不听	弗管 fə³³kuã⁵³ ｜ 随便 zɛ¹¹biẽ²⁴

第四章 语 法

0001　小张昨天钓了一条大鱼，我没有钓到鱼。

小张昨日钓啊门⁼大个鱼，我无没钓着。门⁼：很

$\varphi i\alpha^{33} tsan^{53} zo^{11} \eta i\vartheta^{243} tu^{55} \alpha^0 m\vartheta n^{11} du^{24} k\alpha^0 \eta y^{113}, \alpha^{53} m^{11} m\vartheta^{24} tu^{33}$

yo^{33}。

0002　a. 你平时抽烟吗？ b. 不，我不抽烟。

a. 尔平时烟食弗食［个啊］？ b. 我弗食个。

a. $n^{53} bi\vartheta n^{24} z\eta^{113} i\tilde{\alpha}^{534} z\epsilon^{24} f\vartheta^{33} z\epsilon^{11} k\alpha^{55}$？ b. $\alpha^{53} f\vartheta^{33} z\epsilon^{11} k\vartheta^0$。

0003　a. 你告诉他这件事了吗？ b. 是，我告诉他了。

a. 吉⁼宽⁼事干尔木⁼渠讲过勼哪？ b. 我木⁼渠讲过诶。

a. $t\varphi i\vartheta^{33} k^h u\tilde{\alpha}^{55} z\eta^{24} g\tilde{\vartheta}^{24} n^{53} mu^{33} zi^{232} ko^{55} ku^0 v\vartheta n^0 n\alpha^0$？

b. $\alpha^{53} mu^{33} zi^{232} ko^{55} ku^0 \alpha^0$。

0004　你吃米饭还是吃馒头？

尔食饭还是食馒头啊？

$n^{53} z\epsilon^{24} v\tilde{\alpha}^{24} u\tilde{\alpha}^{11} zi^{243} z\epsilon^{24} mu^{24} d\gamma^{334} \alpha^0$？

0005　你到底答应不答应他？

尔到底答应弗答应渠啊？

$n^{53} to^{33} ti^{33} tu\alpha^{33} i\vartheta n^0 f\vartheta^{33} tu\alpha^{33} i\vartheta n^0 zi^{232} \alpha^0$？

0006　a. 叫小强一起去电影院看《刘三姐》。b. 这部电影他看

过了。

a. 讴小强同徐＝去电影院望《刘三姐》。b. 吉＝片电影渠望过啊。

a. ɤ⁵³⁴ɕiɑ³³dʑian³³dən²⁴ʑi¹¹³tʃʰi³³dian¹¹iən⁵⁵ȵyẽ⁰mõ²⁴《lɤ¹¹sã³³tʃi⁵⁵》。

b. tɕiə³³pʰiẽ⁵⁵dian¹¹iən⁵³ʑi²³²mõ¹¹kɯ⁵⁵ɑ⁰。

0007　你把碗洗一下。

尔碗洗记得渠。

n⁵³uã⁵³ʃi⁵³tʃi⁰tə⁰i⁰。

0008　他把橘子剥了皮,但是没吃。

渠橘儿皮剥掉啊,弗过无没食。

ʑi²³²tɕyən³³bi¹¹³po³³lɯ³³ɑ⁰,fə³³kɯ⁵⁵m¹¹mə²⁴zɛ²³²。

0009　他们把教室都装上了空调。

吉＝些教室渠嘚都装上了空调。

tɕiə³³sɯ⁵⁵tɕiɑ³³sə⁴²³ʑi²⁴tɛ³³⁴tɯ⁵³⁴tsõ⁵⁵ʑyõ⁰lɑ⁰kʰon⁵⁵diɑ³³⁴。

0010　帽子被风吹走了。

帽得风吹[去啊]。

mo²⁴tə³³fon⁵³⁴tɕʰy⁵⁵iɑ³³⁴。

0011　张明被坏人抢走了一个包,人也差点儿被打伤。

张明得别个抢去一只包,农还差末＝儿得别个打伤。

tsyõ⁵⁵miən³³⁴tə³³biə²⁴kɑ³³⁴tsʰyõ⁵⁵i⁰iə³³tsɛ⁵⁵po⁵³⁴,lən¹¹uã²⁴tsʰɑ³³mɯn³³tə³³biə²⁴kɑ³³⁴nɛ̃³³ɕyõ⁵³。

0012　快要下雨了,你们别出去了。

□落诶啦,尔嘚勿出[去啊]。

tɕʰiã⁵⁵lo²⁴ɑ⁰lɑ⁰,n⁵⁵tɛ⁰fɛ⁵⁵tɕʰyə³³iɑ⁰。

0013　这毛巾很脏了,扔了它吧。

吉=块面布危险爁=糟=啊，倒八=掉。

tɕiə³³kʰua⁵⁵miẽ²⁴puºuɛ¹¹ɕiẽ⁵³oºtsoºɑº，toº⁵⁵piaºlɯº。

0014　我们是在车站买的车票。

我嘚车票是呐=车站买个。

ɑ⁵⁵tɛºtɕʰya⁵⁵pʰi³³⁴zi¹¹nə²⁴³tɕʰya³³dzã²⁴³mã¹¹kəº。

0015　墙上贴着一张地图。

板壁诶贴儿=呐=一张地图。

pã³³pɛ³³iaºtʰia³³n³³nɤ³³⁴iə³³tsyõ³³di¹¹du²⁴³。

一张地图贴儿=呐=板壁诶。

iə³³tsyõ³³di¹¹du²⁴³tʰia³³n³³nɤ³³⁴pã³³pɛ³³iaº。

0016　床上躺着一个老人。

床诶眠儿=呐=一个老农家。

ʐyõ³³a³³⁴miẽ³³n³³nɤ³³⁴iə³³kɑ⁵⁵lo¹¹lən¹¹tɕia⁵³。

一个老农家眠儿=呐=床诶。

iə³³kɑ⁵⁵lo¹¹lən¹¹tɕia⁵³miẽ³³n³³nɤ³³⁴ʐyo³³a³³⁴。

0017　河里游着好多小鱼。

好些多细鱼儿儿=呐=溪滩诶游。

xo⁵⁵sɯºtɯºɕia³³ȵyn³³⁴n³³nɤ³³⁴tɕʰi⁵⁵tʰã³³aºiɤ¹¹³。

0018　前面走来了一个胖胖的小男孩。

前面走诶一个壮□□个细男子儿。

ʐiã²⁴mɛ̃²⁴tsɤ³³a⁵³iə³³kɑ⁵⁵tɕyõ³³pɤ³³pɤ³³kəºɕia³³n⁵⁵tsŋº。

0019　他家一下子死了三头猪。

渠得家里一记生死置=三个猪。

ʐi²⁴tɛ³³⁴tɕia³³li⁵³iə³³tʃi³³sɛ̃⁵⁵sŋ⁵⁵tsŋºsã⁵⁵kɑ³³tʃi⁵³⁴。

0020　这辆汽车要开到广州去。

吉=夫=汽车要开到广州去。

tɕiə^{33} fu^{55} tʃ^{h}i^{33} tɕ^{h}yɑ^{334} i^{33} k^{h}a^{55} to^{33} kuan^{33} tsiɤ^{53} i^{0}。

0021　学生们坐汽车坐了两整天了。

吉⁼些学生坐了两日两夜汽车。

tɕiə^{33} sɯ^{55} o^{24} sɛ̃^{334} zɯ^{24} lɑ^{0} lyõ^{11} ȵiə^{11} lyõ^{24} iɑ^{0} tʃ^{h}i^{33} tɕ^{h}yɑ^{334}。

0022　你尝尝他做的点心再走吧。

尔尝尝渠做个点心再走。

n^{53} ʑyõ^{11} ʑyõ^{11} ʑi^{232} tsɯ^{33} kə^{0} tiɑ̃^{33} sən^{53} tsa^{33} tsɤ^{53}。

0023　a. 你在唱什么？ b. 我没在唱，我放着录音呢。

a. 尔是呐⁼唱咯⁼力⁼？

b. 我无没侠⁼呐⁼唱，我侠⁼呐⁼放录音。

a. n^{53} ʑi^{11} nɤ^{243} ts^{h}yõ^{55} gə^{11} lɛ^{243}？

b. ɑ^{53} m^{11} mə^{24} ʑiɑ^{11} lɤ^{24} ts^{h}yõ^{55}，ɑ^{53} ʑiɑ^{11} lɤ^{243} fõ^{33} lɯ^{24} iən^{334}。

0024　a. 我吃过兔子肉，你吃过没有？ b. 没有，我没吃过。

a. 我食过兔儿个肉，尔食过嘞哪？ b. 我无没食过。

a. ɑ^{53} zɛ^{24} kɯ^{0} t^{h}un^{55} kə^{0} ȵyɯ^{232}，n^{53} zɛ^{24} kɯ^{0} vən^{24} nɑ^{55}？

b. ɑ^{53} m^{11} mə^{24} zɛ^{24} kɯ^{0}。

0025　我洗过澡了，今天不打篮球了。

我浴过啊，今日篮球弗去掼了。

ɑ^{53} yɯ^{24} kɯ^{0} ɑ^{0}，tɕiən^{33} ȵiə^{24} lan^{24} dʑiɤ^{334} fə^{33} tʃ^{h}i^{55} guɑ̃^{24} lɑ^{0}。

0026　我算得太快算错了，让我重新算一遍。

我算得忒快，算赚了，我再算算过。

ɑ^{53} sə̃^{33} tə^{33} t^{h}ə^{55} k^{h}uɑ^{334}，sə̃^{33} dzɑ̃^{11} lɑ^{0}，ɑ^{53} tsa^{55} sə̃^{33} sə̃^{33} kɯ^{55}。

0027　他一高兴就唱起歌来了。

渠一高兴歌儿就唱[起来]了。

ʑi^{232} iə^{33} ko^{55} ɕiən^{334} kɯn^{534} ʑiɤ^{24} ts^{h}yõ^{33} ia^{33} lɑ^{334}。

0028　谁刚才议论我老师来着？

粥⁼屋⁼哪个侠⁼呐⁼谈论我个老师？

tɕyɯ³³ ɯ⁵⁵ la¹¹ kɑ⁵³ ʑia²⁴ lɤ²⁴ dɑ̃²⁴ lən³³⁴ ɑ³³ kə⁰ lo¹¹ sɿ⁵³？

0029 只写了一半，还得写下去。

只写置⁼一半，还该写下去。

tsɛ⁵⁵ ɕia⁵⁵ tsɿ³³⁴ iə³³ pə̃⁵⁵，uɑ̃¹¹ kɑ⁵⁵ ɕia³³ ɕiɑ⁵⁵ i⁰。

0030 你才吃了一碗米饭，再吃一碗吧。

尔只食置⁼一碗饭，再食碗先⁼。

n⁵³ tsɛ⁵⁵ zɛ²⁴ tsɿ³³⁴ iə³³ uɑ̃⁵⁵ vɑ̃²⁴，tsa⁵⁵ zɛ²⁴ uɑ̃⁰ ɕiɑ̃⁵⁵。

0031 让孩子们先走，你再把展览仔仔细细地看一遍。

得细佬儿走去哇，尔再担展览仔仔细细望遍先⁼。

tə³³ ɕia³³ lon⁵⁵ tsɤ⁵⁵ i³³ uɑ²⁴，n⁵³ tsa⁵⁵ nɑ̃³³⁴ tsian³³ nan²⁴³ tsɿ³³ tsɿ³³ ʃi³³ ʃi⁵⁵ mõ¹¹ pie⁻̃¹¹ ɕiɑ̃⁵⁵。

0032 他在电视机前看着看着睡着了。

渠儿⁼呐⁼电视机前望望望望鼾[去啊]。

ʑi²³² n³³ nɤ³³⁴ dian¹¹ zɿ¹¹ tʃi⁵³ ʑiɑ̃⁰ mõ¹¹ mõ²⁴ mõ¹¹ mõ²⁴ xə̃⁵⁵ iɑ³³⁴。

0033 你算算看，这点钱够不够花？

尔算算起儿，袋⁼末⁼儿钞票够弗够用？

n⁵³ sə̃³³ sə̃³³ iən⁵⁵，da²⁴ mɯn⁰ tsʰo⁵⁵ pʰi³³⁴ kɤ⁵⁵ fə⁵⁵ kɤ⁵⁵ yon²⁴？

0034 老师给了你一本很厚的书吧？

老师担得尔一本危险厚个书诶？

lo¹¹ sɿ⁵³ nɑ̃⁵⁵ tə³³ n³³⁴ iə³³ pən⁵³ uɛ¹¹ ɕie⁵³ gɤ¹¹ kə⁰ ɕy⁵³⁴ ia⁰？

0035 那个卖药的骗了他一千块钱呢。

墨⁼个卖药个骗了渠一千块钞票。

mə¹¹ kɑ⁵³ mɑ̃¹¹ yo¹¹ kə⁰ pʰie⁻̃³³ la³³ ʑi²³² iə³³ tsʰiɑ̃³³ kʰua⁵⁵ tsʰo⁵⁵ pʰi³³⁴。

0036 a. 我上个月借了他三百块钱。借入

b. 我上个月借了他三百块钱。借出

a. 渠上个月借得我三百块。

b. 我上个月借得渠三百块。

a. ʑi²³²ʐyõ¹¹kə⁰ȵyi²³²tsia⁵⁵tə⁵⁵ɑ⁵³sã⁵⁵pa³³kʰua³³⁴。

b. ɑ⁵³ʐyõ¹¹kə⁰ȵyi²³²tsia⁵⁵tə⁵⁵ʑi²³²sã⁵⁵pa³³kʰua³³⁴。

0037　a. 王先生的刀开得很好。王先生是医生(施事)

　　　b. 王先生的刀开得很好。王先生是病人(受事)

　　　a. 王先生刀开得危险好。 b. 同 a。

　　　a.õ¹¹sɛ̃³³sɛ̃³³⁴to⁵³⁴kʰa⁵⁵tə⁰uɛ¹¹ɕiẽ³³xo⁵³。 b. 同 a。

0038　我不能怪人家,只能怪自己。

　　　我覅要怨别个,只好怨我自。

　　　ɑ⁵³fɛ⁵⁵i⁵⁵yẽ³³biə²⁴kɑ³³⁴,tsɛ³³xo⁵³yẽ³³ɑ¹¹ʑi²⁴。

0039　a. 明天王经理会来公司吗? b. 我看他不会来。

　　　a. 明朝日王经理会劲来公司? b. 我望去渠弗会来。

　　　a. mən¹¹tsɯ³³ȵiə⁵⁵õ¹¹tɕiən³³li⁵³ua²⁴ua⁰la¹¹³kon⁵⁵sɿ³³⁴?

　　　b. ɑ⁵⁵mõ²⁴i⁰ʑi²³²fa⁵⁵ua⁵⁵la¹¹³。

0040　我们用什么车从南京往这里运家具呢?

　　　我哠用咯⁼力⁼车从南京木⁼吉⁼里运家时⁼?

　　　ɑ⁵⁵tə⁰yon²⁴gə¹¹lɛ²⁴tɕʰyɑ⁵³⁴dzon¹¹nə̃²⁴tɕiən³³⁴mɯ⁵⁵tɕiə³³li³³⁴yən²⁴

　　　tɕiɑ⁵⁵zɿ³³⁴?

0041　他像个病人似的靠在沙发上。

　　　渠慌⁼得生病个农生[□儿⁼]呐沙发。

　　　ʑi²³²xõ³³tə⁵⁵sɛ̃³³biən²⁴kə⁰lən²⁴sɛ̃³³⁴an¹¹nɤ³³sɑ⁵⁵fɑ³³⁴。

0042　这么干活连小伙子都会累坏的。

　　　袋⁼儿做生活晒⁼①,后生都会着力。

---

① 晒⁼:相当于"……的话"。

dan²⁴tsɯ³³sɛ̃³³uɑ³³ɕyɑ³³⁴，ɤ¹¹sɛ̃⁵³tɯ³³uɑ²⁴dzyo¹¹lɛ²⁴³。

0043　他跳上末班车走了。我迟到一步，只能自己慢慢走回学
　　　校了。

　　　渠末班车走啊。我晏置＝袋＝一末＝儿，只好我自慢慢农＝
　　　走到学堂去。

　　　ʑi²³²mɯ¹¹pɑ̃³³tɕʰyɑ³³⁴tsɤ¹¹ɑ⁰。ɑ⁵³ɑ̃³³tsʅ⁰da²⁴iə³³muŋ⁵⁵，tsɛ³³xo⁵³
　　　ɑ¹¹ʑi²⁴mɑ̃¹¹mɑ̃²⁴lon⁰tsɤ⁵³to³³o²⁴dõ³³i⁰。

0044　这是谁写的诗？谁猜出来我就奖励谁十块钱。

　　　吉＝是哪个写个诗哪？哪个猜出来我就奖得渠十块钞票。

　　　tɕiə³³ʑi²⁴lɑ¹¹kɑ⁵³ɕiɑ³³kə⁰sʅ⁵⁵nɑ³³⁴？lɑ¹¹kɑ⁵³tsʰɑ⁵⁵tɕʰyə³³lɑ³³⁴ɑ⁵³
　　　ʑiɤ²⁴tsyõ⁵⁵tə⁵⁵ʑi²³²zə²⁴kʰuɑ³³tsʰo⁵⁵pʰi³³⁴。

0045　我给你的书是我教中学的舅舅写的。

　　　我担得尔墨＝本书是我教中学个舅舅写个。

　　　ɑ⁵³nɑ̃⁵⁵tə³³m³³mə¹¹pən³³ɕy⁵³⁴，ʑi²⁴ɑ⁵³ko⁵⁵tɕyon³³o³³kə⁰dziɤ¹¹
　　　dziɤ²⁴³ɕiɑ³³kə⁰。

0046　你比我高，他比你还要高。

　　　尔比我高些，渠比尔还要高。

　　　n⁵³pi³³ɑ³³ko⁵⁵sɯ³³⁴，ʑi²³²pi³³n⁵³uɑ̃¹¹i⁵⁵ko⁵³⁴。

0047　老王跟老张一样高。

　　　老王木＝老张一式高。

　　　lo¹¹õ¹¹³mɯ³³lo¹¹tsyõ⁵³iə³³sə³³ko⁵³⁴。

0048　我先走了，你们俩再多坐一会儿。

　　　我走啊，尔嗕两个再坐记儿先＝。

　　　ɑ⁵³tsɤ³³ɑ⁰，n⁵⁵tɛ⁰lyo²⁴kɑ⁰tsa⁵⁵zɯ¹¹tʃin⁵⁵ɕiɑ̃⁰。

0049　我说不过他，谁都说不过这个家伙。

　　　我讲弗得渠过，随便哪个都讲弗得渠过。

ɑ^{53} kõ^{53} fə^{33} tə^{33} ʑi^{232} kɯ^{55} ,zɛ^{11} biẽ^{24} nɑ^{55} kɑ^{334} tɯ^{33} kõ^{53} fə^{33} tə^{33} ʑi^{232} kɯ^{0} 。

0050 上次只买了一本书,今天要多买几本。

头回只买了一本书,今日要多买两本。

dɤ^{33} ua^{334} tsɛ^{55} mɑ^{11} lɑ^{0} iə^{33} pən^{33} ɕy^{534} ,tɕiən^{33} ȵiə^{334} i^{55} tɯ^{55} mɑ^{24} lyõ^{33} pən^{334} 。

第五章　话　语

一、讲　述

(一)方言老男

当地情况

我呢，来讲一讲我嘚浦江个三改一拆个事干。

我先讲一个同乐。同乐呢，离开浦阳镇大概是有五里路光景。吉ᵈ个是我嘚县顶大，一个违章建筑，顶大一个。吉ᵈ里里面个厂诶，弗齐ᵈ高ᵈ厂，大也有，细也有。厂啊弗齐ᵈ高ᵈ，有成片个新屋违章。后来，县诶呢，都在吉ᵈ里呢，决定呢，就是讲把吉ᵈ个违章全部拆掉。

当时吉ᵈ个拆吉ᵈ个违章呢，浦江个老百姓呢也，积极个也有，反对个也有。因为吉ᵈ个损失了，讲[起来]，确实是相当大。当时，县诶公检法司等墨ᵈ个执法局组建上几百农，一起到那里去拆过，就是袋ᵈ儿①拆个。讲[起来]木ᵈ我嘚一末ᵈ儿关系都无没个。但是

---

①　袋ᵈ儿：这样。也作"袋ᵈ"。

呢，我是经常出去去走路个。所以讲，听满＝哪里拆迁过呢，也担去望望起儿个。所以讲呢，一般呢，拆个样子呢，都趖得墨＝里去望望起儿个。所以讲啊，拆墨＝个场面相当大相当大个。

拆出来个之后，当时呢，开始个日子拆出来，一记拆过嘛门＝难望了。违章拆掉啊，里面一记抄，统个蹂零蹂脑，担儿＝呐＝，一塌糊涂。农也弗好走嘛，厂也弗好办。后来有农就是讲提出意见："尔吉＝句＝儿①袋＝儿拆，拆掉了，木＝弗拆有咯＝力关系？拆，弗拆还好望些，拆拆还难望些。"所以讲县里，吸取经验，把整片拆掉个，就应要个个清掉。就到粥＝儿过呢吉＝个同乐吉＝里拆掉吉＝个，违章拆掉，吉＝个东西粥＝儿变做个危险大个驾校。边诶还有好些都已经，该绿化个也绿化过啊。路，水泥路全部做归［去诶］。所以，吉＝个拆啊吉＝个，吉＝块东西一记拆啊，拆得吉＝块地方都危险好啊。

再一个大个拆掉个，是西边。我墨＝里出去大概是三里光景路，下五洲吉＝里一个公梅山。以前吉＝□［tuɑ⁵⁵］地方呢，是一个，像一个村诶个，也应该讲起属于石马乡一个开发区生个。当时吉＝些建筑呢也无没经过手续，大家到墨＝里先啊。当时我嘚县诶有一个，墨＝个，文件呢，要建千家万户。就是讲，弄些厂啊。所以讲当时呢，就弄到吉＝个公梅山。嚯，公梅山吉＝个违章呢，呀，嚯，统共弗齐＝高＝违章，都无没手续。拆到吉＝里，第一次一拆，拆掉无没多少。结果拆了之后，无没多少日子，意＝恢复啊。仍然意＝那样啊。到后来吉＝次正经啊，全部准备好，准备彻底担掉。所以讲，安排了好些多墨＝个农、车，汽车了，墨＝个挖沟机啊，铲车啦，全部去。总之前面一面勾去，后面一面该当装就装掉，该当担担掉。所以讲，把吉＝个，吉＝个顶大个工业区，就工业区生个形式个违章，全部担掉。

---

①　吉＝句＝儿：这种。也作"吉＝句＝"。

到后来呢，就发展到户诶也要拆了。到户诶拆呢，吉˭些都是自眼睛望着个。有一次扣˭末˭儿走到墨˭里，浦北。浦北吉˭里呢，离开吉˭里大概有七八里路。就侠˭篓˭吉˭个，［我尔］嘚饮食水个吉˭个下游，等于上面是个金坑水库。金坑水库下面就是村坊。吉˭些呢都是农家户诶个违章。以前墨˭里，同乐木˭墨˭个公梅山都是公家个，慌˭得①是都是大个工厂。吉˭句˭儿呢都是户诶个违章。

再后来拆，拆过之后呢，拆到金狮岭。金狮岭粥˭儿˭呢，粥˭儿˭呢横直已经担做，后来重新拆过之后，再担粥˭儿˭后来是，粥˭儿˭开发个金狮湖啊。后来粥˭儿˭再担过。但是前面也拆过一次。拆过一次，也是规模也危险大个。因为金狮岭吉˭□［tua⁵⁵］违章也是比较多个。所以讲，后来吉˭里次拆呢也是前面拆去，后面清去。

所以像这个，浦江吉˭个拆违吉˭个力度啊是真当，也有门˭大个。所以讲，粥˭儿˭浦江县都拆屋拆出名个。墨˭个"五加两""白加黑"。当时县诶吉˭些都，上班吉˭些都，企业了，墨˭个，吉˭些都，机关也好，吉˭些农都忙出屁个，但吉˭个个力度是真当，弗是袋˭儿个力度也根本无没办法拆掉。但忖忖去，"啊嚯"，吉˭违章袋˭厉爷˭，哪里拆得掉？由于吉˭两个大个，一个是代表厂个，一个是代表户个，袋˭儿大个都一记拆，整个县推，推到整个县诶。所以把，下面所有吉˭些乡啊、村啊，吉˭些多违章呢，全部能够木˭渠拆掉。我是听讲，墨˭个报纸数字弗晓得正确弗正确，拆掉慌˭得有五百多万平米生个。但具体是弗是吉˭个数字我也分弗零清。

下面再讲一个，浦江个治污。主要是治污，但是县诶下达一个文件等于是五水共治。治污呢，一埭西溪，一埭东溪，一埭浦阳江。等于啊，统起个，浦江吉˭个，吉˭些黑河、咯˭力˭臭河吉˭些污染个

---

① 慌˭得：好像。

河,意゠横直,可以讲无没几埭是好个,[我尔]嘚粥゠儿゠就是,都是被污染个。同゠句゠儿゠堂头比较远,我也无没去走过。吉゠两埭呢,西溪、东溪、浦阳江呢,走到过个,也望过个。

当时[我尔]嘚西溪个发源地呐゠哪里? 侠゠篓゠吉゠里,联盟吉゠里。我嘚杭口岭脚开始,还有一个同゠光゠面就是出来,桃花岭脚出来。就是吉゠个善庆哪,吉゠里里面。粥゠儿゠啊浦江佑岩寺吉゠光゠面,吉゠埭源头出来。木゠杭口岭吉゠埭源头出来,再到炉来吉゠里下来。吉゠埭就是粥゠儿゠个西溪。

西溪我嘚以前,噫,走到墨゠个溪滩边诶,一口臭气熏天。墨゠个水诶,也弗生一根草,也弗生别样东西。渠生个东西呢,生儿゠呐゠慌得是白个,出毛个,门゠腥个,儿゠呐゠地诶,总之儿゠呐゠水诶,胎゠来。"稀呼稀呼"游啊,慌゠得,慌゠得咯゠力゠是个墨゠个尾巴生个。全部是咯゠力゠呢? 爋゠糟,水釉结[起来]个,厚哒哒个东西。墨゠些东西油露露。就是讲,尔若斄゠着,脚骨来有破屑个,有咯゠力゠东西斄゠着墨゠个水要灌了。所以这埭西溪个治理呢,也是危险墨゠种个。

农家啊,胎゠出来个水。从管道出来,都是直接,直排排出来个。所以讲啊,吉゠埭西溪啊,要治好啊,就必须把吉゠些直污难管吉゠些事干一定该担好。嚯,做吉゠些工作,所有吉゠些户诶出来吉゠些管道全部接出来。接到吉゠个边诶后,全部接得总管。总管再通下,一直通得西山公园,有一个公园一样门゠大个塘。大概有五六亩大个塘。吉゠个塘门゠深挖下去,挖下去,再用水泥浇[起来],砖头叠上来,分做,大概是长十五米,阔大概有廿几米。袋゠高,袋゠大个洞,再用砖头叠上来,分做五额゠生。污水吉゠些,所有吉゠些污水,全部拦住啊,全部胎゠得吉゠个池啊。吉゠个池有五额゠生分掉个。五额゠生分[起来],一塘一塘,一塘一塘。再头顶呢,是用,粥゠儿゠是用,是用太阳能，用热个东西，等于是木ᐟ渠发酵，木ᐟ渠再把发酵后个，再墨ᐟ个水再木ᐟ渠胎ᐟ出去。

大概是会发酵个。墨ᐟ里发酵出来些水胎ᐟ得西溪。所以讲，把所有西溪以上我嘚吉ᐟ个是，吉ᐟ个等于是饲料公司以上吉ᐟ些都，所以讲吉ᐟ埭西溪，等于是上面个些污水，全部归类得吉ᐟ个池啊。无没燸ᐟ槽水胎ᐟ得墨ᐟ里诶。生活用水也全部等于是木ᐟ渠归类到墨ᐟ个管诶。统个管啊生了地下。上面等于是要到吉ᐟ个北渠为界。所有上面个到北渠沟做之ᐟ一埭。袋ᐟ记木ᐟ渠截死。全部胎ᐟ得北渠吉ᐟ埭，吉ᐟ个沟里面。北渠吉ᐟ埭沟里面吧，再木ᐟ渠重新也胎ᐟ得吉ᐟ里。所以讲，把吉ᐟ个西溪，把吉ᐟ埭水，些污水都木ᐟ渠截死啊。所以讲，粥ᐟ儿ᐟ西溪个水就门ᐟ好啊。鱼鳅也有啊，小鱼也有啊，清了清了。

再讲一埭东溪。东溪以前渠个发源地，等于侠ᐟ篓ᐟ粥ᐟ儿ᐟ金坑水库下面吉ᐟ一□［gɯ²⁴³］。吉ᐟ些下来，上面是黄冠山水库，下来再到后溪儿水库，就是粥ᐟ儿ᐟ个城北新个安置区。吉ᐟ些堂头，全部以前吉ᐟ个黄冠山水库。粥ᐟ儿ᐟ黄冠山水库门ᐟ细了已经，毛ᐟ无没咯ᐟ力，就胎ᐟ下来，胎ᐟ得吉ᐟ个后溪儿水库。吉ᐟ个后溪儿水库以前，早日子，曾经也好浴个。但是到后来，吉ᐟ几年水晶行业发开来之后，后溪儿水库等于是已经变做，弗是浴个堂头。变做是，所有因为墨ᐟ里比较壁力ᐟ角落，所有墨ᐟ些水晶个渣啊、咯ᐟ力ᐟ燸ᐟ槽ᐟ个东西啊，偷乌ᐟ粒ᐟ儿全部倒得后溪儿水库。所以讲整个后溪儿水库也变做，吉ᐟ埭溪滩东溪也变做污染得危险厉害。所以后来治理吉ᐟ宽ᐟ事干，包括后溪儿水库，也弄得危险净洁啊。从头顶金坑水库，墨ᐟ里下诶，戴宅啦吉ᐟ些堂头，所有吉ᐟ些溪滩，全部污水，木ᐟ渠担做清了。头顶以前有好些养猪场，养猪场全部关了。水晶厂浦江县有一万九千多个厂，将近两万个厂全部就关掉了。粥ᐟ

儿再吉回已经到，新个，移得吉个新个，吉个水晶呢，反正吉两个专门呢，吉两个水晶园区。有四个，四个园区，一个是东部、西部、南部、中部，袋儿粥儿有四个，四个吉个园区，吉些农，统吉些，散吉些全部去木渠归类出来。所以木渠集中得墨里去。再一个东溪，粥儿个后溪儿水库，是担得个危险好啊。上年又把灯光全部配上。所以讲，粥儿吉个东溪吉边木得吉个，木得是个，专门嬉个堂头。变做一个，慌得风景顶好，好得紧个堂头生啊。大家到墨里去，全部到墨里去嬉已经，弗是讲做去再去浴个事干。就到墨里因为渠是个，风景啊，各方面灯光啊全部配合得危险好个呢。粥儿夜诶，暖天噫，袋儿望噫，袋记嬉过，统个墨些灯光来配哪。哈嚯，危险漂亮！

再讲个浦阳江。浦阳江呢吉个以前，[我尔]嘚吉里通济桥水库出来。以前出来晒①到吉个，以前等于之通济桥水库出来，按道理讲啊，袋长短到浦阳镇，应该是危险净洁个。但是由于以前就是讲起，吉个同乐、徐店吉些堂头呢，吉些污染出来之后呢，把吉个浦阳江也污染了。浦阳江上游都无没抓好、都无没担好，尔下游更勤要讲啊。所以讲，再下面个西溪，东溪意归来，意并归来。所以讲，如果浦阳江袋长短都无没担好一些，到下面根本无没办法了。所以讲，把所有上面吉些养猪场、水晶，吉些鸭儿啊、羊啊，吉些东西全部离开，浦阳江五百米，全部拆除，全部移掉。所以讲，吉个治污呢，治水吉个东西，吉个力度是危险大个。所以讲呢，把吉个浦阳江担好以后，以个翠湖为上游个一个点。因为翠湖等于吉西溪个水，还未到墨里。东溪个水，更加勤要讲。吉个因为是西溪入口个上游。吉里就是，通济桥水库出来，第一塘。等

---

① 晒：相当于"……的话"。

与之⁼到吉⁼里一节堰，到吉⁼节堰筑⁼起来。

在当时就是讲一忖，三年，当时忖三年里面，就是讲应该把水治好。两年里面好墨⁼个下去游泳。我嗳当时忖[起来]危险稀奇，墨⁼个，电视台也温州顶开始讲，咯⁼力⁼讴环保局局长，下河去游泳。我嗳忖去，粥⁼儿⁼吉⁼种溪滩，游泳个溪滩都还有个？哪个敢下去啊？哎，想弗到，浦江才经过一年，就把翠湖担做好浴。所以到，翠湖到今年过，已经都是两年浴下啦。三年计划，等于头年治[起来]，第两年就好浴。花出个心血也弗齐⁼高⁼啊。头一通，是把浦阳江水胎⁼出来，到翠湖，到吉⁼里过一记作为一个点。结果当时水里好浴啊，但是水测[起来]，还弗行。为咯⁼力⁼事干弗行个呢？因为四村、石宅啦，同乐啊，溪城头啊，吉⁼里吉⁼些水呢，下来呢，把吉⁼些污水啊，生活用水啊，仍旧胎⁼得翠湖里面来了，袋⁼儿过等于势必造成吉⁼个水，弗是危险净洁。所以后来把翠湖从墨⁼个，毛桥上游墨⁼里，就是到墨⁼个石林墨⁼夫⁼桥开始墨⁼里，从墨⁼个入口到墨⁼里过，木⁼渠分出来了。到翠湖吉⁼埭南溪滩吉⁼个浦阳江啊，到墨⁼里过，木⁼渠分出来啊。有一少数一部分，到墨⁼里过隔断掉了啊。整埭都本来是全部胎⁼得翠湖啊，粥⁼吉⁼个翠湖，等于之⁼木⁼渠隔之⁼一楼⁼出来，所有墨⁼里出来个墨⁼些污水，全部胎⁼得靠北边个吉⁼埭，细个吉⁼埭溪滩里面。再把墨⁼个污染个水，一末⁼儿都无得到翠湖、到浦阳江里面去。

吉⁼个就是呢浦江治水个事干。

再一个呢我要讲一讲呢就是浦江个吉⁼个交通个建设。我嗳交通建设呢，以前等于为咯⁼力⁼事干我嗳浦江个路会袋⁼槙①。因

---

① 《广韵》上声轸韵章忍切："木密。"《集韵》上声轸韵止忍切："木理紧密也。一曰木根相迫。"参看曹志耘、秋谷裕幸主编（2016：34）。

为粥゠儿゠月泉路以北能够通车，以前能够通车个路，就是一埭：中山路。啊，中山路呢，以前已经通了。再后来环城东路通到月泉路，再一个呢，吉゠埭是，墨゠个和平北路通到月泉路。再还有一埭呢，是再过来吉゠个西山路。吉゠两埭路，车゠①，吉゠些多路，头顶吉゠个呢上面，吉゠些农家，里面，吉゠里上面，月泉路以北，农家已经，粥゠儿゠是屋都统统起满。所以袋゠些多屋起［起来］，袋゠些多住得尔墨゠里，所以讲，通得南边个门，通得南边个吉゠个路啊，等于忒少。所以造成环城西路也好，和平路也好，都是槙得弗得了个，等于下来都下都下弗来。

所以讲粥゠儿゠后来呢，通过，吉゠些多，经过之后呢，经过渠嘚论证过之后呢，顶先把吉゠个中山路延伸。再一埭粥゠儿゠一个是月泉东路延伸。袋゠记通出一个呢，等于统爿吉゠个浦阳镇个，吉゠些通个路全部出现。吉゠埭通出通到哪里呢？浦江木゠七里，过去到十里头，十里头到岩头吉゠埭路，全部通了。等粥゠儿゠能够木゠一记通出横到，横到十里头吉゠角落。把整个就是讲，弗需要个，主要有些农到东边，根本弗需要到吉゠里里面来了，就直接就木゠吉゠埭路过去啊。弗需要到城里了。有些到园区啊，直接就木゠外面。墨゠个，月泉东路延伸出去，木゠墨゠里到园区个。粥゠儿゠一直到岩头吉゠个，吉゠个水晶园区啊，是便得紧啊。吉゠埭路"呼"得记儿出去，危险近啊，弗需要到下面屈了。

我来说说我们浦江三改一拆的事情。

我先说同乐。同乐距浦江镇大概有五里，这里有我们县最大的违章建筑群。这里的厂多得不计其数，有大有小，有成片的违章建

---

① 车゠:话语标记,语义近"那么"。

筑。后来县里决定把违章建筑全部拆除。

当时拆除违章建筑这件事,浦江老百姓支持的也有,反对的也有。因为这个所带来的损失,说(起来)确实也是相当大的。当时,县里的公检法等执法部门组织了好几百人,一起去拆。虽然说起来跟我们一点儿关系都没有,但是呢,我是经常出去散步的,所以,听到哪里拆迁,我就会过去看看。所以一般来说拆的现场呢我都会赶过去。拆的那个场面真的是相当大。

一开始,拆了以后还是挺难看的。违建是拆了,整个东倒西歪,扔在那儿,一塌糊涂。人不能走,厂也不能办。后来有人提意见:"这样拆和不拆有什么区别?不拆还好看点儿,拆了更难看些。"所以县里就吸取教训,整片拆除后,就及时清理。同乐这里拆掉违建后,现在变成了一个很大的驾校。边上该绿化的也都绿化了,水泥路也都做进去了。所以这里拆了以后,变成好地方了。

另外一个比较大的违建区在西边。从我家里出去大概三里路,是下五洲这边的公梅山。以前这一带是村里的,应属于石马乡的一个开发区。当时这些建筑也没有手续,大家就都先到那里了。当时我们县里有一个文件,是要建成千家万户,准备建厂的,所以就弄到这个公梅山了。公梅山这里的违章建筑不计其数,都是没有手续的。第一次拆,没拆多少。结果拆了之后,没过多久又恢复了,又成老样子了。后来这次动真格了,县里准备彻底拆除。安排了很多人和车,如汽车、挖掘机、铲车,全部去。前面在拆,后面该装的装走,该清除的清除。这样,就把最大的工业区似的违建,全部清除了。

到后来就发展到入户拆迁了。这些都是我亲眼看见的。有一次正好走到那里,浦北那里,距这儿大概有七八里路。就在我们饮用水源的下游。上面是金坑水库,金坑水库下面就是村子。这些呢都是人家家里面的违建。之前的同乐和公梅山那里都是属于公家的,都是大的工厂。这种呢都是人家家里面的违建。

再后来拆到金狮岭。金狮岭拆过之后,现在开发了金狮湖。以前也拆过一次。拆过一次,规模也非常大。因为金狮岭这一带违建也是比较多的。所以这里也是,前面在拆,后面在清理。

所以浦江这个拆违的力度是真的很大。浦江当时拆屋都拆出名了。有什么"五加二"和"白加黑"。当时县里这些企业也好,机关也好,都忙得要死。但这个力度确实很大。如果没有这么大的力度,根本没办法拆除。之前想,违建这么厉害,怎么拆得掉?由于这两个大的,一个是代表厂区的,一个是代表住宅区的,这么大的违建一拆,就把三改一拆推及整个县了。因此,乡村里的违建得以全部拆掉。报纸上的数据不知道正确与否,据说拆了有五百多万平方米。但不知是否准确。

下面再说一下浦江的治污。主要是治污,不过县里下达的文件是五水共治。治污呢,一条西溪,一条东溪,一条浦阳江。浦江这些黑河、臭河,这些被污染的河没有几条是好的,都是被污染的。还有的因为比较远,我也没去过。不过西溪、东溪、浦阳江这三条我到过,也见过。

当时,西溪的发源地在哪里呢?就在这里,联盟这里。一个是杭口岭脚,还有一个是桃花岭脚。就是善庆里面,就是现在浦江佑岩寺那里。通过杭口岭这个源头出来,再到炉来这里下来。这条就是现在的西溪。

以前走到西溪那条河边,臭气熏天。水里不长一根草,也没有其他生物。只有类似白色的、长毛的东西,很腥,在水里流淌。"稀呼稀呼"地游,好像长了尾巴一样。全是什么呢?都是脏的黏稠物凝成的,厚厚的,油乎乎的。如果脚上破了皮,碰到那个水就会烂。

所以这条西溪的治理,也是非常(难)的。

　　从住宅区排出来的水,从管道出来,都是直接排出来的。因此,这条西溪要治好,就必须把污水直排这件事处理好。从每户出来的所有管道全都接出来,接到这边后,再全部接到总管里。然后总管一直通下去,通到西山公园,那里有一口像公园一样很大的池塘,大概有五六亩。这口池塘挖得很深,再用水泥浇灌,然后用砖头砌起来。长约二十几米,宽约十五米。这么深,这么大的洞,再砌上砖头,分为五格。将这些污水全部拦住,都流到这个池子里。池塘分作五格。上面装有太阳能。用热的东西,让其发酵,发酵后再让水流出去。

　　大概是会发酵的。发酵过后的水流到西溪。就是把饲料公司上游的污水都接到这个池子,再无污水流到西溪了。生活污水也都汇到那个管了。整个管埋入地下。上面以北渠为界,上面所有污水全部流入北渠这条沟里,然后再流到这个池子里。所以流入西溪的污水全部被拦截了。所以现在西溪的水质非常好。有泥鳅和小鱼了,水也清了。

　　再来说一下东溪。东溪的发源地,是现在金坑水库下面这一段。下来是黄冠山水库,然后是后溪水库,就是现在城北新的安置区。这些地方以前都属于黄冠山水库。现在的黄冠山水库已经很小了,快消失了。流下来,流到后溪水库。这个后溪水库以前是可以洗澡的。但是后来水晶行业发展,后溪水库已经不能洗澡了。因为那里比较偏僻,一些水晶渣料和脏东西被人偷偷地扔到了这个水库,所以整个水库以及东溪都被污染得非常严重。后来进行治理,后溪水库被治理得非常干净了。从金坑岭水库下来,到戴宅这些地方的溪流都治理得很清澈了。原先上游有很多养猪场,全部关了。浦江县原有水晶厂一万九千多个,将近两万个厂,也全部关了,已经全部迁到专门的水晶园区。水晶园区分为东部、西部、南部和中部四个。工厂全部集中到园区里。现在东溪和后溪水库治理得非常好。去年还配上了灯光，变成一个供大家游玩的地方了，变成风景很好的地方了。大家到那里去是为了游玩，而非洗澡。到那里是因为风景，灯光也搭配得很好。现在晚上、夏天去玩儿，整个灯光配起来，非常漂亮！

　　再来说说浦阳江。浦阳江以前是从通济桥水库出来的。按理，到浦阳镇的这段距离不长，水应该很清澈的。但是因为同乐、徐店这些地方的污染，浦阳江也被污染了。浦阳江的上游都没有管理好，更不用说下游了。再下来西溪和东溪也都汇入浦阳江。所以说，如果浦阳江这么短的河段都没有弄好，那么其下游根本没有办法（治理）了。所以上游的这些养猪场、养鸭场、养羊场和水晶厂，凡是距离浦阳江五百米之内的，全部拆除、迁走。可以看出，治理污水的力度是非常大的。在浦阳江治理好以后，后来把翠湖定作上游的一个点。因为西溪和东溪都不汇入翠湖，而且翠湖位于西溪入口的上游。这里是通济桥水库出来后的第一池水。在这里筑起了一个堰。

　　当时估计三年内应能治理好翠湖，两年内可以下水游泳。当时电视里说，温州最先要求环保局局长下河游泳。我当时觉得很稀奇。我心想，这种河道还能游泳？谁敢下去啊？没想到，才过一年，浦江就把翠湖弄好了，可以洗澡了。所以，到今年为止，已经连续两年能下湖洗澡了。（本来是）三年计划，实际第一年开始治理，第二年就可以洗澡了。花了很大的心血。首先，浦阳江的水流到翠湖以后，这里作为一个（治理的）点。当时水里是可以洗澡的，但是测得的结果还不理想。为什么还不行呢？因为四村、石宅、同乐、溪城头这些地方的水流下来，仍旧把污水啊，生活用水啊，带到翠湖里面来了,导致水质不是很好。所以后来,从毛桥上游,就是石林那座桥那里,把翠湖分出来了。到南溪滩,即浦阳江,把它分出来了。到那里小部分隔开了。本来全部都流到翠湖的,现在隔出一条。所有污水全部流到北边这条小的河道里。这样污水就一点儿都不会流到翠湖、浦阳江里去了。

这就是浦江治水的事情。

我再说一下浦江的交通建设。以前浦江的道路非常拥挤。现在月泉路以北能够通车,以前能通车的路只有一条:中山路。中山路以前就已通了。后来环城东路能通到月泉路,和平北路通到月泉路。再还有一条,是这个西山路。上面,月泉路以北,已经出现这么多人家和房屋。这么多房屋,住了这么多人,因此通到南边的道路,就显得太少了,导致环城西路、和平路都挤得不得了,想下(车)都下不来。

后来,经过多方论证,决定先把中山路延伸,再把月泉东路延伸。这样,浦阳镇的路都通了。这条路通到哪里呢?到七里、十里头、岩头这边,全通了。现在能够一下子开到十里头这个角落了。有些人要到东边去,根本不需要进城里了,可直接从这条路过去。(不需要到城里了。)有些到园区去的,直接走外围,月泉东路延伸至园区的。现在到岩头、水晶园区都是方便得很。走这条路非常近,不需要到下面绕了。

(2016 年 8 月 12 日,浦江,发音人:应平)

(二)方言老女

个人经历

我来自我介绍一下。我讴做张灵仙。我今年 60 岁,我是浦江生、浦江大个农。就是下大街,粥＝儿＝时代广场吉＝里。我嘚家里还是一个普通个农民。我嘚伯伯是抗美援朝转来,还受过伤。也无没妈妈无没爷爷,也无没伯伯无没叔叔,危险,自力更生个。我嘚伯伯从细慌①我˭嘚讲,要勤要俭。我˭嘚姆妈慌˭我嘚讲,开˭当②文明有礼貌,撞着妈妈嘚开˭讴声儿。后来讴声讴声,隔壁邻舍妈妈呢慌˭我嘚亲妈妈一式了。都危险和气,危险好。

我嘚墨˭儿③还细,我嘚伯伯袋˭儿讲勤力。还只˭六七岁农劲做生活。队诶分来吉˭增④,麦秆哪,总之有麦个。讴我嘚"嘭嘭嘭嘭"敲敲再担烧,烧镬孔。袋˭儿呢有末˭麦哪。有末˭麦呢也好饲鸡。袋˭儿么就节约,也弗浪费。我伯伯念浪费也是极大个犯罪。以前是部队个炊事员。炊事员呢,如果白碻噎东西,渠讲也是一种犯罪啦。

弗好浪费,袋˭儿啊我嘚样样弗让浪费哩。炭˭呢,我嘚增˭稻秆呢担垫栏。垫栏过我嘚柴无得烧呢。我嘚袋˭儿讲,麦秆、麦株别个嘚割掉,我嘚去抖归来。还细个时候,我嘚姆妈总之有个篮儿,担[得我]嘚。墨˭增˭糖蔗皮啊,弄诶。尔去约˭来。袋˭记约˭来一记儿,有两餐好烧。袋˭儿也是经济。也是一末˭一末˭并来个。

炭˭我嘚生活稍微,浦江生活好过,起屋。我嘚伯伯呢去拉砖头。拉砖头,别个嘚危险狠,袋˭儿拉。我伯伯只手弗好,开˭当说我去拉。摒⑤记儿,推扳大。金狮岭到吉˭里县委上来吉˭里,是上脚路啊。我还细,一袋˭儿摒,意˭慌˭得危险着力生啦。"啊嚯!""咯咯

---

① 慌˭:和。
② 开˭当:应当。也说"开˭"。
③ 墨˭儿:那时。
④ 吉˭增˭:这种。
⑤ 摒:拔。《广韵》去声劲韵畀政切:"摒除也。"参看曹志耘、秋谷裕幸主编(2016:36)。

咯咯"掰啊,墨ᵘ增ᵘ上脚路走得酸去酸去还未到,酸去酸去还未到。先头掰之口ᵘ是[掰儿ᵘ]呐ᵘ胸口头个。后来掰来掰去,掰得大腿来。再"咯咯咯咯"拧ᵘ①拧ᵘ掰去。"啧啧啧,啧啧啧"离ᵘ②去过呢。我嗯到脚膝髁③儿诶啦。"咯咯咯"我到上脚路诶过,还开ᵘ掰。我上脚路诶弗掰上呢。我嗯要下坡,要下[去个]。我嗯上脚掰上诶,有末ᵘ宽ᵘ诶过。我"闸ᵘ"了记走转来,慌我嗯伯伯候ᵘ令ᵘ。袋ᵘ记转我嗯伯伯,袋ᵘ记歇下来,"鼾ᵘ得ᵘ,鼾ᵘ得ᵘ"。我一贯来袋ᵘ儿勤恳,艰苦。生活一末ᵘ儿末ᵘ儿好来。

袋ᵘ儿我嗯有五个。有两个弟弟,还要细,我顶大。炭ᵘ后来,别个嗯一年级去读书,小学啊。再读书啊,我嗯姆妈还讴我五更头呢去晒麦秆,晒秆,去晒记儿哪再去。有两回呢就迟到哇。袋ᵘ儿呢走路呢危险快,"啧啧啧"。后来到学堂体育过呢,变做头一名了。吉ᵘ增ᵘ头一名全望家里练出来了。

炭ᵘ呢我嗯家里呢,食呢,我嗯伯伯呢好些白米饭驮出去。我嗯吉ᵘ增ᵘ饭呢,全部是菜,或者腌盐,"哒哒"袋ᵘ记木ᵘ渠抓ᵘ④出来。我嗯忖弗要,我嗯姆妈讲:"别个嗯食都无没食,尔嗯还袋ᵘ儿菜饭担得尔嗯食,还弗好啊?"袋ᵘ儿才下去。袋ᵘ儿我嗯一末ᵘ儿弗浪费。袋ᵘ儿生活一末ᵘ儿末ᵘ儿好来了。

我后来读初中过,初中过,我嗯娘还去抱细佬儿。我嗯娘抱细佬儿九块一个月。袋ᵘ儿有两通还讴我去,我体育课过弗去了。体育课过弗去上课,炭ᵘ呢抱细佬儿抱去。"啧啧啧"总之走路危险快。

---

①　拧ᵘ:钻。

②　离ᵘ:酸。

③　《广韵》平声戈韵苦禾切:"膝骨。《说文》:口卧切,髀骨也。"参看曹志耘、秋谷裕幸主编(2016:29-30)。脚膝髁儿:膝盖。

④　抓ᵘ:搅拌。

到初中那过，我袋=记体育运动讴我去过。我样样头一名。初中 74 年慌=75 年墨=增，是浦江体育五项全能第一名。就是我张灵仙写儿=呐=。相=信=袋=儿在行？全望家里劳动，"啧啧啧，啧啧啧"，袋=儿体力练出来了。

自我介绍一下。我叫张灵仙，今年 60 岁。我是浦江生、浦江长的。就是在下大街，现在时代广场这里。我出生在一个普通的农民家庭。爸爸从抗美援朝的战场回来，还受过伤。（我）没有爷爷奶奶，没有大伯和叔叔，（我爸爸）自力更生。我爸爸从小跟我们说，要勤俭。我妈妈跟我们说，要文明有礼貌，见到老奶奶们要叫一声。后来叫着叫着，邻居老奶奶像是我的亲奶奶了。（她们）都非常和气，非常好。

我们那时还小，我爸爸教导我们要勤快。（我当时）才六七岁，不会干活。队里分来的麦秆，总是有麦粒的。叫我们"嘭嘭嘭"地敲了再拿去烧火。这样有一点儿麦粒。有点儿麦粒，可以喂鸡。这样就节约，也不浪费。我爸爸说，浪费也是严重的犯罪。（他）以前是部队炊事员。他说如果东西发霉了，也是一种犯罪。

不能浪费，我们样样都不浪费。稻秆用来垫畜栏。垫了栏，我们就没柴火了。（不过）我们有办法：别人家的麦秆、麦茬割了以后，我们去抖干净，并拿回来。我们小时候，妈妈总让我们（出去时）拎个篮子。把弄堂里的甘蔗皮给捡回来。捡回来也可以烧几顿饭。这也是节约的办法。（积蓄）也是一点一点攒起来的。

后来生活稍微好转，开始造房子了。我爸爸去拉砖头。别人力气很大，我爸爸的手不好，让我去拉车。拉一下，会省力好多。金狮岭到县委这里，是上坡路。我还小，一拉，好像非常累。"啊嚯！""咯咯咯"地使劲拉。那种上坡路，两腿很酸很酸了，却还没到。开始(把绳子)放在胸口拉。拉来拉去,后来放到大腿上。再"咯咯咯"用身子往下拉。"噔噔噔"地拉,身上酸死了。最后我们都放到膝盖上拉了。"咯咯咯",上坡了,还得拉。上坡,我拉不上去。要下坡了,(车)要(冲)下去了。起初是上坡,拉上去以后,(绳子)有点儿松了。我"嗖"地走回来,和我爸爸扶住(车)。转到我爸爸这边,停下车。呼呼喘气。我一贯勤恳,肯吃苦。生活一点点好起来了。

我们有姐妹五个,我最大,有两个弟弟,比我小。后来别人都去上小学一年级了。我也去上学,我妈妈早上还叫我去晒麦秆,晒了再去上学。有几次都迟到了。于是我"噔噔噔"走得飞快。后来学校上体育课,我变成第一名了。这个第一名,全凭在家里练出来的。

我们家吃呢?我爸爸盛出去好多白米饭。我们的饭呢?全部是菜,或者盐,拌起来的。① 我们不想吃。我妈妈说:"别人吃都没得吃,菜饭给你们吃,还不好啊?"这样才吃下去。我们一点儿不浪费。生活一点点好起来了。

我后来上初中。上初中时,我妈妈还去当保姆。我妈妈当保姆一个月能挣九块钱。有几次还叫我去。我不去上体育课了。不去上体育课,去抱小孩儿。"噔噔噔"走得飞快。初中时,(学校)叫我参加运动会,我样样得第一。大概在 1974 年和 1975 年,(我)是浦江五项全能第一名。我名字"张灵仙"出现在(获奖名单)上面。怎么这么擅长呢?全靠在家里劳动,"噔噔噔",体力练出来了。

(2016 年 8 月 11 日,浦江,发音人:张灵仙)

---

① 　白米饭留给主要劳动力吃,其他人吃菜饭。

(三)方言青男

个人经历

我是浦江城里农,我城东个。我嗲爷慌=①娘呢也是城东农。从小呢我嗲爷呢是比较苦个。渠嗲哥弟姊妹多。我嗲爷爷呢讨两个老马=,我嗲爷呢是其中第两个老马=生个。我嗲爷呢到 6 岁,我嗲爷爷死呀;到爷 14 岁呢,妈妈死呀。渠生活是艰苦个,从细就失去爷慌=娘个疼爱。从细呢渠嗲靠个姊姊个山里带大个。带得大也弗简单。要渠自家创业呢,开加工场②。我从细木=我嗲爷危险肯辛苦,肯做。渠嗲田畈、家里,还有栏诶猪啊样样都我饲呐=个,都我弄来个。

我呢是 1997 年毕业,第两技校毕业个,学呢是学电工。毕业出来之后过呢,弗晓得去装=好,工作也寻寻弗着。

我是浦江城里人,城东的。我的父母也是城东人。我父亲小时候比较苦。他的兄弟姐妹多。我爷爷娶了两个老婆,我父亲是第二个老婆生的。我父亲 6 岁时,爷爷去世了;14 岁时,奶奶去世了。他生活比较艰苦,从小失去了父母的疼爱。他从小是靠山里的姐姐带大的。抚养小孩很不简单。(后来)让他自己创业,开加工厂。我跟着父亲,从小吃苦耐劳。田里、家里还有猪栏里的猪,样样都是我喂的,都是我弄的。

我 1997 年毕业于第二技校,学的是电工。毕业之后,不知道干什么好,工作也找不到。

---

① 慌=:和。
② 不是"厂"。

工作情况

　　我嘚爷慌⁼娘呢，带我去学车床。车床呢，我感觉吉⁼个东西呢，慌⁼得爐⁼糟⁼相，墨黑底⁼涂。我呢，偷乌⁼粒⁼儿跳到墨⁼个汽运中心墨⁼个皮鞋厂墨⁼里去报名个。报名做皮鞋。墨⁼儿之口⁼①，浦江皮鞋厂也弗多。我望去呢，个黎氏集团是比较大哥。穿的是工作服也比较门⁼好个。炭⁼过⁼②后头去报名个。报名报归去，隔了一个多月还只⁼通知啦。通知啦然后危险高兴。总算勷去，去做墨⁼样车床乌土⁼鼻头墨⁼样事干。到黎氏集团去工作啊。

　　工作去呢，头一个月生活费呢是三百块。三百块呢，对我来讲呢，用用是够啊。炭⁼过⁼，墨⁼儿之口⁼归去呢，危险严格。企业对我嘚员工制度危险严格。我呢忖去呢，严格也弗要紧，可以讲学到危险东西。墨⁼儿之口⁼望着，渠嘚还有开发部、技术部。袋⁼多部门个，儿⁼句⁼③工作人员我望都慌⁼得坐办公室生个，吉⁼个工作确实危险好。停⁼归去以⁼过，必定木⁼吉⁼个当作我一个目标。

　　炭⁼过⁼我呢开始是一个杂工，样样做起。开始呢是跟得后面做杂工。敲洞啊，敲鞋眼⁼儿哪，吉⁼句⁼东西。反正无没农做个些东西、生活呢，全部我去弄来。我呢做得比较努力。吉⁼个车间主任后头得我吉⁼句⁼杂工个生活做歇过呢，炭⁼过⁼渠讲，讨信我："尔欢喜做咯⁼力⁼?"我木⁼渠念，我忖学末⁼儿技术。"学技术呢必须应该儿⁼句⁼，基本个工作该做[起来]好，再好去做技术。"我呢忖忖呢也好个。

---

　　①　墨⁼儿之口⁼：那时。

　　②　炭⁼过⁼：话语标记，语义近"那么"。有时也单用"炭⁼"。

　　③　儿⁼句⁼：那种。

车间主任木﹦我提到车间去做，学车工。车工呢，个车间呢，女客，女客多，男子呢没几个个。我望着渠嘚车间做呢，"嘚嘚嘚，嘚嘚嘚"，车工呢，吉﹦句﹦掌握技术呢，我危险羡慕。我忖有一日我要超过尔的。炭﹦过﹦我也弗断个努力。别个嘚下班啦，我还在沟﹦得①墨﹦里做。我争取超过渠嘚。

做弗得无没多少日子呢，一个上海个师父来了。上海师父呢到车间望去望只我一个男子，还年轻个，讴我到渠身边去当渠徒弟。徒弟呢就是沟﹦得公司讴徒弟，就是讴杂工跳腿个，就是"跑腿个"大概儿﹦句﹦。跳跳跳跳我跳跳呢，确实危险着力。后头我木﹦我嘚师父念，弗忖沟﹦得吉﹦里边来啦。一日到夜讴我跳，无没事干，无没咯﹦力﹦技术学多少，无没咯﹦力﹦进步。所以讲我弗忖沟﹦得尔后面。炭﹦过﹦渠吧上海个，沟﹦得吉﹦个公司德高望重。年纪比较大个，已经六十多岁啊。但是吉﹦些技术人员、领导对渠都危险尊重，危险好。所以讲，所以我袋﹦儿忖，我后面无没咯﹦力﹦技术学到，意﹦无没咯﹦力﹦东西儿﹦句﹦。我忖相②会老板的吉﹦些技术人员、管理人员，都对渠相﹦会袋﹦儿好呢？惊是我，我失去，错个机会啦？炭﹦过﹦后头一个呢就是继续跟，跟个一妈﹦时。

跟妈﹦时过呢，后头渠望我，还勤力个，勤力个嘛，炭﹦过﹦讴我，跟得渠后面开始，磨剪刀开始。磨剪刀我忖去无咯﹦力﹦好学学个。是一日到夜些剪刀，车间剪刀驮我磨个。

磨磨磨一日到夜磨剪刀，磨得个执﹦头痛死，手也痛死。后头忖忖，跟得渠后面，徒弟弗是一宽﹦好事干啊。炭﹦过﹦后头忖忖，还是坚持，坚持。后来总算木﹦我念了："如果小洪尔沟﹦呐﹦我吉﹦里有

---

①　沟﹦得：在。

②　相﹦：怎么。

没有委屈啊?"我讲:"无没。"炭ᵉ渠讲:"从今日开始过,尔个些事干勤做啊。尔是跟得我后面开始学。工艺啊,皮鞋个吉ᵉ些工艺技术木ᵉ知识。"我变做危险荣幸啦,我变做一个个都还墨ᵉ句ᵉ些。

　　其实无没忖得袋ᵉ简单。每做好一样事干都是危险困难困难个。首先从磨剪刀开始起。剪刀磨得执ᵉ头泡磨出来。我磨石吧半块磨掉,剪刀吧好两把磨掉。但是磨意ᵉ会磨个,磨意ᵉ磨出来。但是,个师父磨炼我个意志。炭ᵉ过ᵉ,剪刀歇之后过,开始学车工。车工呢,三ᵉ不常①发火,担儿ᵉ呐ᵉ骂。我讲别个嘚沟ᵉ呐ᵉ一块生学,偏偏老是骂着我个。对我也带得顶好。一块生食午饭,下班啦对我关心也门ᵉ关心个。上班之口ᵉ学当中对我顶严格。动弗动起一通发火,一通念。"老是懂弗归去! 咯ᵉ力ᵉ相ᵉ信ᵉ?"儿ᵉ句ᵉ一通念。

　　我父母让我去学车床。我觉得车床这个东西看起来比较脏,黑乎乎的。我偷偷跑到汽运中心附近的皮鞋厂去报名,报名做皮鞋。那时候浦江皮鞋厂还不多。我看黎氏集团是比较大的,穿的工作服也比较好,就去报名了。回来后,隔了一个多月才通知我。接到通知非常高兴,总算不用去做灰头土脸的车工了,能到黎氏集团去工作了。

　　第一个月的工资是三百块。对我来说,三百块够用了。那时候非常严格。企业对员工非常严格。但我认为严格不要紧,可以学到很多东西。那时候他们有开发部、技术部等多个部门。工作人员看上去一般都是坐办公室的,看来这个工作确实非常好。进公司以后,我就以此作为自己的奋斗目标。

　　我刚开始只是一名杂工,样样都要做。起初是跟在后面做杂工。敲洞、敲鞋眼儿,等等。反正没人做的活儿,都由我来做。我做

───────────────

①　三ᵉ不常:经常。

得比较努力。在我做完杂工以后,车间主任问我:"喜欢做什么?"我回答:"想学技术。""做好基本工作才可以学技术。"我想了想,这样也好。

车间主任把我调到车间去学车工。车间里女的多,男的没几个。我看他们熟练地做着车工,很是羡慕,想着以后要超过他们。于是我就非常努力。别人下班了,我还在工作。我争取超过他们。

没过多久,来了一个上海师傅。上海师傅看到车间里只有我一个男的,而且还年轻,就叫我到他身边,做他的徒弟。说是徒弟,其实就是个跑腿的。跑啊跑,确实很累。后来我跟师傅说,不想跟在他身边了。一天到晚让我跑,又没事情做,也没有学到什么技术,没有什么进步,所以我不想跟在他身后了。师傅在公司德高望重,年纪比较大,已经六十多岁了。这些技术人员和领导都特别尊重他,对他特别好。我想,我跟在后面没学到什么技术。公司这些技术人员和管理人员怎么都对他这么好呢?难道我错过机会了?还是继续跟一段时间吧。

跟了一段时间,师傅看我还比较勤快,就叫我跟他学,从磨剪刀开始。我想,磨剪刀又没什么好学的。一天到晚磨剪刀,整个车间的剪刀都拿给我磨。

磨啊磨,一天到晚磨剪刀。磨得手都疼死了。后来想,跟在他后面当徒弟不是一件好事。再一想,还是继续坚持。后来总算跟我说了:"小洪,你在我这里有没有感到委屈啊?"我说:"没有。"他说:"从今天开始,你那些活儿不用干了。你开始跟着我学。工艺啊,皮鞋的工艺、技术和知识。"我突然感到很荣幸了。

其实没有我想的这么简单。要做好每一件事情都是非常困难的。首先从磨剪刀开始。磨得手指都起泡了,磨刀石磨掉半块,剪刀磨掉好几把。虽然我会磨,但师傅想磨炼我的意志。磨完剪刀,开始学车工。(师傅)经常发火,骂我。也有其他人一起学,(他)偏偏老是骂我,但对我最好。一起吃午饭,下班后对我也挺关心的。上班时对我最严格,动不动发火,批评我。"老是懂不进去！怎么办?"动不动一通训。

(2016 年 8 月 16 日,浦江,发音人:洪建松)

(四)方言青女

传统节日

年节是我嗰一年中顶大个节日。实际呢从十两月份就开始,已经开始啊,一直到正月十五还只=结束。我嗰浦江话"年"讴做之为"过年"。

过年前呢,份份农家都要跌头糕,炊发糕,还要切米胖糖,还做酒,还要木=细佬儿做衣裳。十两月份下旬呢,就开始份份农家开始掸墫尘哪,洗洗晒晒,打扫卫生。份份农家都危险忙。到十两月廿三、廿四,我嗰还开始送镶灶爷爷。啊,镶灶爷爷拜拜,求渠呢,上天呢木=我嗰讲好话,下地保平安。三十日五更了呢,我嗰开始,有些农家开始贴红纸,糊床门,贴红画儿。

谢年呢是我嗰一年中顶大,啊,年节中个一个大节。有些多农家呢单独沟=呐=农家里举行,拜,谢天谢年。也有些村坊呢,一起生沟=呐=祠堂诶谢年个。猪头啊,头糕啊,发糕啊,袋=记满嗒嗒个摆得桌顶=上,危险漂亮,也危险隆重。袋=么谢年也分五更头谢年木=夜诶谢年。五更头谢年呢,我嗰讴做"开门福";夜诶谢年呢,我嗰讴做"关门福"。谢年之口=呢,还要放火炮,谢天地,祭祖宗。炭=呢全家农开开心心坐下来食个年饭。

还有些地方呢袋=儿个。三十夜之前,廿八、廿九呢,还要请嫁出去囡儿[归来]食餐饭。袋=忖去苦痛囡儿嫁出[去啊]。因为囡儿嫁去啊,提早一日两日讴囡儿[归来]食餐饭,闹热一记儿。袋＝么也算木＝囡儿过个年了。袋＝么三十夜诶呢,我嗯还要食过,年饭食歇过呢,还要坐年。份份农家呢,蜡烛啊,电灯啊,点得个亮声声＝个。啊,来表示我嗯灯火弗断。家里呢大农细佬儿,大农啊还开＝得吉＝细佬儿压岁钱,就是我嗯念个红纸包。吉＝日夜诶呢细佬儿是特别高兴个。穿新衣裳,食好食食儿哪,还可以驮红纸包。夜诶呢爷慌＝娘意＝弗来,弗来催:"好魙!好魙!"细佬儿呢吉＝日危险高兴。

　　就慌＝得我嗯生,我嗯夜诶呢,年饭袋＝记食歇过呢,要么出去转工哪,慌＝得我嗯伯伯姆妈生,电话袋＝记打邻舍家隔壁:"尔嗯来搓麻将啰!我嗯搓把儿啰。"袋＝记过么,渠得大农么搓麻将,我嗯细佬儿么,两个三个搞搞儿。望电视,望晚节晚会。是袋＝记守年,坐年个呢,夜诶还开＝食夜茶。炭＝夜茶呢,我嗯浦江等于之＝,饺子啊,馄饨哪。我嗯家里就食荞麦馃儿。荞麦做做,袋＝增＝黑漆漆个袋＝增＝馃儿。啊,危险好食。荞麦呢,也是一种粗粮。粗粮啊,食食呢对这增＝胃啊、消化啦危险好,助消化个袋＝增＝东西。啊,特别好食。弗管是烫烫啊、煤煤啦、阁＝阁＝啊,都危险好,我嗯全家等于之＝都危险危险(欢喜)。袋＝么吉＝个是三十日坐夜。

　　再到念到初一过呢,啊,初一呢就是新年个头一日啦喽。初一起早呢,有些多地方开始去上坟哪。去望望起儿,祖宗,去拜祖宗。但是一般来弗带东西个,就是木＝祖宗拜年啦。归来跑诶呢额＝两把常青个柴,常青个柴,清清爽爽个,挂得家里门口头,代表一年个常青。初一吉＝日呢,作兴,我嗯,却弗做生活个,沟＝呐＝家里休息个。伙代＝朋友建交呢,也弗是,弗去走动个。大家都是沟＝呐＝家里休息。但忖去,一年个头一日,有些大农呢还木＝细佬儿念:"尔嗯吉＝日是过年个头一日,新年个头一日,顶大,千万弗敢念骂农个话,弗好讲弗利市个话!"细佬儿呢,时时刻刻念话呢,敬敬起来变做。吉¯增¯呢也是我嘚初一个吉¯末¯儿习惯。

　　春节是我们一年中最大的节日。实际从十二月就开始了,一直到正月十五才结束。我们浦江话叫作"过年"。

　　过年前,家家户户都要打年糕,蒸发糕,还要做冻米糖和酒,还要给小孩儿做衣服。十二月下旬,家家开始掸尘,洗晒,打扫卫生。家家都很忙。到腊月二十三、二十四,开始送灶王爷。祭灶王爷,求他上天言好事,下地保平安。大年三十早上,有些人家开始贴春联,糊窗门,贴年画。

　　谢年是我们一年中、春节中最大的仪式。有些人家单独在家里过,祭拜,谢天谢年。也有些地方是全村一起在祠堂里谢年的。猪头、年糕、发糕摆满桌子,非常漂亮,也非常隆重。谢年也分早上和晚上两种。早上谢年叫"开门福",晚上谢年叫"关门福"。谢年时要放鞭炮,谢天地,祭祖宗,然后全家开开心心坐下吃年夜饭。

　　还有些地方是这样的。除夕前,二十八、二十九还要请出嫁的女儿回来吃顿饭,因为心疼女儿出嫁。女儿嫁出去了,提前一两天叫回来吃顿饭,热闹一下。这样也算跟女儿一起过年了。除夕夜,吃完年夜饭,还要守夜。家家户户点着蜡烛,开着电灯,亮堂堂的,表示香火不断。大人还要给小孩儿压岁钱,就是发红包。这天晚上小孩儿特别高兴。穿新衣服,吃好的,还可以拿红包。晚上父母又不会来催:"该睡觉了! 该睡觉了!"小孩儿今天非常高兴。

　　就像我家,晚上吃完年夜饭,要么出去转一圈,要么像我爸妈一样,给邻居打电话:"你们来搓麻将啰! 我们搓一把。"然后,大人们搓麻将,我们两三个小孩儿一起玩儿。看电视,看联欢晚会。这样守夜。晚上还要吃夜宵。我们浦江的夜宵有饺子和馄饨。我们家里吃荞麦饼,荞麦做的。这种饼黑乎乎的,非常好吃。荞麦是一种粗粮。粗粮吃了对胃好,助消化,特别好吃。不管是烙、煮、炒,都非常好吃,我们全家人都非常(喜欢)。这是除夕守夜。

再说到大年初一。初一就是新年第一天。初一早上,有些地方开始去上坟,去看祖宗、拜祖宗。但是一般不带东西,就是给祖宗拜年。回来折几根常绿的枝条,清清爽爽的,挂在家门口,表示四季常青。初一这天,我们一般不干活,待在家里休息,也不去朋友家走动。大家都在家里休息。作为新年第一天,有些大人还对小孩儿说:"今天是春节第一天,新年第一天,最重要,你们千万不能骂人,不能说不吉利的话!"小孩子每次说话,都变得非常恭敬。这也是我们初一的一个习惯。

(2016 年 8 月 15 日,浦江,发音人:张婷婷)

二、对　话

当地情况

对话人:

老应——应　平,方言老男

张姨——张灵仙,方言老女

小洪——洪建松,方言青男

老应:尔呢就是门ᵔ日①,我嗝是门ᵔ日下田畈,两小,撞着过。门ᵔ日是面试啊。

―――――――――

① 门ᵔ日:那天。

张姨：危险亲切生，哦嚯，尔来喂，我意⁼吉⁼两日意⁼真当危险担心
　　　哪。讲咯⁼力⁼也弗晓得相⁼信⁼讲。话题袋⁼多。我袋⁼记望
　　　见尔过，心头放下来了。

小洪：我意⁼是我嘚囝儿班诶个老师，同学家长要参加浦江话儿⁼
　　　句⁼方言讲话。炭⁼过，当初，哦嚯，袋⁼儿都会话个？我意⁼念
　　　意⁼念弗来。我到墨⁼里过肯定紧张，相⁼生⁼念也弗晓得。
　　　炭⁼过后头我嘚囝儿个老师来［木⁼我］念："尔嘚再胆大些个，
　　　再念浦江话，弗念咯⁼力⁼讴尔出难题。"咯⁼力⁼相⁼信⁼儿⁼
　　　句⁼。再忖讲咯⁼力⁼就讲咯⁼力⁼。吉⁼日真个到吉⁼里前面，
　　　忖讲咯⁼力⁼念咯⁼力⁼。

老应：我嘚，袋⁼儿，粥⁼儿，浦江，吉⁼个环境是真当花危险啊。

张姨：唉，好得紧哪！屋前屋后多少净洁哇，清清爽爽。

小洪：全浦江随便哪里都好，都在改变，吉⁼个环境，吉⁼个水。特别
　　　个水，炭⁼过之前吉⁼里墨⁼句⁼拆屋。啊，拆掉过就清爽了，清
　　　爽危险。吉⁼些棚，我嘚家里个棚，头顶个平顶该拆掉个。弗
　　　拆，通知一遍两遍都会通知来个。尔再弗拆掉，渠嘚，渠会
　　　"杰⁼杰⁼"木⁼尔弄掉了。炭⁼只好讴渠嘚拆拆掉，弄⁼掉。

老应：袋⁼儿吉⁼个五水共治真当忖忖都袋⁼儿弗相信哪。我嘚早几
　　　年，我嘚住诶西溪吉⁼里个。袋⁼记走到，五更头，走到墨⁼个
　　　溪滩边哪。"噫⁼！"总之墨⁼个气息熏来熏来。有两日么白
　　　塌⁼塌⁼，有两日么绿刷刷，有两日么黑漆漆。袋⁼儿到上年，
　　　年初袋⁼记开始过，袋⁼儿到粥⁼儿⁼过。袋⁼儿基本上就是真
　　　当担得有末⁼儿好①。袋⁼儿粥⁼儿⁼袋⁼望去，水也袋⁼清了。
　　　我袋⁼儿忖去，当时我袋⁼儿忖去，还好哎？水袋⁼爐⁼糟⁼，手

---

①　有末⁼儿好：很好。

都弗好沉下去。粥⁼儿⁼过意⁼讲做好浴个。真当忖忖都弗相信哪。

小洪：渠嘚［墨⁼增⁼］之口⁼政府抓得弗够严，抓得也沟⁼呐⁼抓。吉⁼水污染危险严重危险严重。［沟⁼呐⁼］抓也［沟⁼呐⁼］抓，但是无没抓到落实，无没到位。炭⁼到施书记上来过呢，对吉⁼宽⁼环境，五水共治吉⁼宽⁼呢，渠要求比较高。三改一拆呢，也危险高，吉⁼个东西。炭⁼过再，浦江吉⁼宽⁼做得是比较好个，所以讲浦江县诶吉⁼宽⁼。特别拆屋开始，有危险多农，意见危险大啊去拆屋。虽然通知渠啊，但是还是意见危险大。特别尔去拆之口⁼，渠嘚还弗肯木⁼尔嘚歇。炭⁼吉⁼句⁼污水，污水吉⁼个呢，对浦江经济有些影响个。尔特别慌⁼得尔嘚，做水晶个一些多。尔若过到关掉过吉⁼个东西，就无得好赚钞票啊，该选另外行当啊。所以讲，浦江危险多农失业掉，但是吉⁼个环境呢还是慢慢佬⁼儿有些提高。

张姨：袋⁼儿我嘚增⁼屋前屋后个，净洁得紧哇，净洁嗒嗒。板壁也花儿画儿⁼呐，粥⁼儿⁼危险得农肖⁼啊，啊，都讲忠孝。走出来了清清爽爽。都，袋⁼儿危险文明了，城市生哇，我嘚。既然浦江细县，有两埭路诶，慌⁼得大溪楼，吉⁼埭大路，义乌过来，真当慌⁼得大城市生，危险阔，刷直。旅游归来，吉⁼里哪里？吉⁼里大溪楼了？啊嚯，201 省道去望望起，危险漂亮了，墨⁼埭公路。浦江交通也危险提高了。弗管村坊大细，都水泥路做归去啊。墨⁼增⁼村诶呢，空气山里危险好，青山绿水。去嬉个农呢，都星期日了城里下班去，归去嬉啊。交通方便，尔忖哪屋⁼儿①就哪屋⁼儿去。

---

① 哪屋⁼儿：什么时候。

老应:你就是那天在下田畈,就是二小,碰到过的。那天是面试。

张姨:非常亲切! 哦,你来了。这几天我真的非常担心。不知道说什么,怎么说。话题这么多。现在见到你,我就放心了。

小洪:我女儿的老师要求家长参加说浦江话(的活动,所以我来了)。当初(也很担心),这怎么会说? 我又不会说。我到那里肯定紧张,怎么说也不知道。后来,我女儿的老师跟我说:"你们胆子要大些,说浦江话,不会给你们出难题。"(她)告诉我说什么,怎么说,想说什么就说什么。今天真的到了这里,想说什么就说什么。

老应:我们浦江,现在这个环境真的花费很多(心血)啊。

张姨:嗯,好得很啊! 屋前屋后多干净啊,干干净净。

小洪:整个浦江哪儿都好,都在改变。这个环境,这个水,特别是水。之前那样拆违,拆掉就整洁了,非常整洁。我家那个棚,上面的平顶应该拆除。不拆的话,一遍遍发来通知。你再不拆,他们会帮你弄掉。那么只好让他们拆掉、弄掉。

老应:这个五水共治真的不可思议。几年前,我们住在西溪这里。早上一走到溪边,臭气袭来。(溪水)有几天白花花,有几天绿油油,有几天黑漆漆。从去年年初开始(治理),一直到现在,治理得很好了。现在一眼看去,水也清了。我当时想,这如何是好? 水这么脏,连手都下不去。现在又可以下去洗澡了。真的不敢相信。

小洪:那时政府虽然也在管,但管得不够严。水污染非常非常严重。管也在管,但没有落实,没有到位。施书记上任以后,他对环境、五水共治这方面要求比较高。对三改一拆的要求也非常高。浦江这方面是做得比较好的。刚开始拆迁的时候,有很多人意见很大。虽然已经告知他了,但意见还是很大。特别

是你去拆迁的时候,他们还跟你们没完。污水(治理)这个问
题,对浦江经济是有些影响的,特别是水晶行业。你如果关掉
这些,(他们)就没法挣钱了,只能改行了。所以浦江一开始很
多人失业了,但是这个环境还是慢慢好转了。

张姨:我们屋前屋后,都干净得很,非常干净。墙上还画着画儿,现
在非常惹人喜爱了,还宣传忠孝。出来一看干干净净,非常文
明了,像城市了。浦江虽是个小县城,但有几条路(很宽阔)。
像大溪楼这条大路,从义乌过来,真的像大城市了,非常宽,笔
直。旅游回来(不认识了),这是哪里?这是大溪楼?从 201
省道望过去,那条公路非常漂亮。浦江的交通也改善了很多。
不管村子大小,都修了水泥路。山村里空气非常好,青山绿
水。很多人去玩儿。周末下班,出城去玩。交通方便,你想什
么时候去就什么时候去。

第六章　口头文化

一、歌　谣

七岁郎

妈娘，妈娘，	mɑ⁵⁵ ŋyõ³³⁴ , mɑ⁵⁵ ŋyõ³³⁴ ,
生我只袋=末=儿长。	sɛ̃⁵⁵ ɑ³³⁴ tsɛ⁵⁵ da²⁴ muɯn⁵⁵ dzyõ³³⁴ 。
徛来唗纱屋儿①长，	ga¹¹ la⁰ uɛ⁰ ɕya³³ uɯn³³ dzyõ¹¹³ ,
坐[起来]唗秤锤长。	zu¹¹ ia⁰ uɛ⁰ tsʰiən³³ ŋy³³ dzyõ³³⁴ ② 。
讴我去摘茄菜唗，	ɣ³³ ɑ⁵³ tɕi³³ tsa³³ dʑia²⁴ tsʰa⁰ uɛ⁰ ,
茄菜根呐=躲荫凉。	dʑia¹¹ tsʰa¹¹ kən³³ nɣ⁵⁵ tuɯ³³ iən⁵⁵ lyõ⁰ 。
讴我去摘金瓜唗，	ɣ³³ ɑ⁵³ tɕi³³ tsa³³ tɕiən⁵⁵ kua⁰ uɛ⁰ ,
金瓜根呐=打翻车③。	tɕiən³³ kua³³ kən³³ nɣ⁵⁵ nɛ̃¹¹ fã⁵⁵ tɕʰya⁰ 。
哎，尔吉=个七岁郎，	ɛ¹¹ , n⁵³ tɕiə³³ ka⁵⁵ tsʰə³³ sɿ³³ lõ⁵⁵ ,

---

① 纱屋儿：纺纱时用来缠经线的器具。纬线则缠在梭子上。

② "锤"字声母受前字韵母同化。

③ 打翻车：侧翻跟斗。

七岁郎，　　　　　　　　　tsʰə³³sʅ³³lõ⁵⁵，

七岁以里唉袋⁼弗长，　　　　tsʰə³³sʅ⁵⁵i¹¹li⁵³uɛ⁰da²⁴fə⁵⁵dzyõ³³⁴，

七岁以外唉袋⁼快长。　　　　tsʰə³³sʅ⁵⁵i¹¹ŋɑ⁵³uɛ⁰da²⁴kʰuɑ⁵⁵dzyõ³³⁴。

（2016 年 8 月 11 日，浦江，发音人：楼桂元）

一粒星

一粒星，格零丁。　　　　　iə³³lɯ⁵⁵siən⁰，kə³³liən⁵⁵tiən⁰。

两粒星，挂油瓶。　　　　　lyõ²⁴lɯ⁰siən⁰，kuɑ³³iɯ⁵⁵biən¹¹³。

油瓶盏，好炒豆。　　　　　iɤ¹¹biən¹¹tsan⁵⁵，xo³³tɕʰyo⁵⁵dɤ⁰。

豆豆儿香，好种秧。　　　　dɤ¹¹dɤn²⁴ɕyõ⁵³⁴，xo⁵³tɕyon³³ȵyõ⁵³⁴。

秧开花，好种瓜。　　　　　yõ⁵³⁴kʰa³³xuɑ³³⁴，xo⁵³tɕyon³³kuɑ³³⁴。

瓜有蒂儿，好种梨儿。　　　kuɑ⁵⁵iɤ²⁴tin³³⁴，xo⁵³tɕyon³³lin²³²。

梨儿有核，好种栗。　　　　lin²³²iɤ²⁴uə²³²，xo⁵³tɕyon³³liə²³²。

栗有三层壳，　　　　　　　liə²³²iɤ²⁴sɑ̃⁵⁵zən³³kʰo⁴²³，

望牛细佬儿妥⁼①来剥。　　　mõ¹¹ȵiɤ¹¹³ɕia³³lon²⁴tʰɯ⁵³la⁵⁵po⁴²³。

（2016 年 8 月 11 日，浦江，发音人：楼桂元）

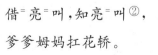

借⁼亮⁼叫

借⁼亮⁼叫，知亮⁼叫②，　　　tsia⁵⁵lyõ⁰tɕi³³，tsʅ⁵⁵lyõ²⁴tɕi³³，

爹爹姆妈扛花轿。　　　　　tia⁵⁵tia⁰m⁵⁵mɑ⁰kõ³³xuɑ³³dʑi²⁴。

扛到哪里去？扛到山诶去。kõ⁵³tə⁰la²⁴i⁰tɕʰi⁰？kõ⁵³tə⁰sɑ̃⁵⁵a⁵⁵i⁰。

---

①　妥⁼：都。

②　当地蝉分两种："借⁼亮⁼"体形较小，略带绿色；"知亮⁼"体形较大，褐色。

山诶一回=①乌饭，　　　　　sɑ̃⁵⁵ɑ⁰iə³³uɑ²⁴u⁵⁵uɑ̃³³⁴，

还讲我个姆妈。　　　　　　uɑ̃¹¹kõ⁵³ɑ³³kə³³m⁵⁵mɑ³³⁴。

山诶一回=柴，　　　　　　sɑ̃⁵⁵ɑ³³iə³³uɑ⁵³zɑ¹¹³，

还讲我个爷。　　　　　　　uɑ̃¹¹kõ⁵³ɑ³³kə⁰iɑ¹¹³。

山诶一回=松埋=②，　　　　sɑ̃⁵⁵ɑ³³iə³³uɑ⁵³zən²⁴mɑ¹¹³，

还讲我个妹妹。　　　　　　uɑ̃¹¹kõ⁵³ɑ³³kə⁰mɑ¹¹mɑ²⁴。

山诶一回=枝，　　　　　　sɑ̃⁵⁵ɑ³³iə³³uɑ⁵³tsʅ⁵⁵，

还讲我个姊姊。　　　　　　uɑ̃¹¹kõ⁵³ɑ³³kə⁰tsʅ⁵⁵tsʅ⁵⁵。

（2016 年 8 月 11 日，浦江，发音人：楼桂元）

二、谚　语

农业谚语

1. 八月初一乌荫块，意=有萝卜意=有菜。③

piɑ⁵³ȵyi²⁴tsʰu³³iə³³u³³iən³³kʰuɑ⁵⁵，i⁵⁵iɤ³³lo³³bɯ³³i⁵⁵iɤ³³tsʰɑ⁵⁵。

2. 白露荞麦秋分菜。

bɑ¹¹lu²⁴dʑi¹¹mɑ¹¹³tsʰiɤ³³fən³³tsʰɑ⁵⁵。

3. 弗过惊蛰打天雷，四十五日挖炉灰。

fə³³kɯ⁵⁵tɕiən³³tsə¹¹nɛ̃¹¹tʰiɑ̃⁵⁵lɑ⁰，sʅ³³sə³³n⁵⁵ȵiə⁰uɑ³³lu³³xuɑ⁵³。

4. 大暑油麻小暑粟儿。

dɯ¹¹ɕy⁵³iɤ²⁴miɑ¹¹³sɯ³³ɕy⁵³suɯn⁴²³。

---

①　一回=：一枝。

②　松埋=：松枝。

③　意思是，八月初一下雨，就可以种萝卜和蔬菜了。

气象谚语

1.冬夜晴,过年涝。

tən⁵⁵ ȵiɑ³³ ziən¹¹³ , kɯ³³ ȵiɑ̃³³ lo²⁴³ 。

2.逢春落雨到清明,清明落雨转头白。

voŋ¹¹ tɕʰyən³³⁴ lo¹¹ y²⁴³ to³³ tsʰiən⁵⁵ miən³³⁴ , tsʰiən⁵⁵ miən³³⁴ lo¹¹ y²⁴³ tɕye³³ lɤ²⁴ bɑ²³² 。

3.过冬十日长一线,过夏十日短一线。①

kɯ³³ tən³³⁴ zə²⁴ ȵiə³³⁴ dzyõ¹¹ iə³³ sɛ̃⁵⁵ , kɯ³³ dziɑ²⁴ zə²⁴ ȵiə³³⁴ tə̃⁵⁵ iə³³ sɛ̃⁵⁵ 。

4.立冬晴,一冬晴。

liə²⁴ tən³³⁴ ziən¹¹³ , iə³³ tən⁵⁵ ziən¹¹³ 。

（2016 年 8 月 11 日,浦江,发音人:楼桂元）

三、谜　语

七七四十九,　　　　　　　　　tsʰə³³ tsʰə³³ sʅ³³ zə³³ tɕiɤ⁵³ ,

红ᵓ蚣②去买酒。　　　　　　　on²⁴ koŋ³³ tɕʰi³³ mɑ¹¹ tsiɤ⁵³ 。

去吧到桥上走,　　　　　　　tɕʰi⁵⁵ uɑ⁵⁵ to⁵⁵ dʑi¹¹ zyõ²⁴ tsɤ⁵³ ,

来吧到桥下走。　　　　　　　lɑ¹¹ uɑ²⁴ to⁵⁵ dʑi¹¹ iɑ²⁴ tsɤ⁵³ 。

　　　——水车儿　　　　　　　　　　　　　——ɕy³³ tɕʰyɑn⁵³

亲生哥弟弗共娘,　　　　　　tsʰiən³³ sɛ̃³³ kɯ³³ li²⁴³ fə⁵⁵ dzyon²⁴ ȵyõ¹¹³ ,

万贯家财无剩粮。　　　　　　vɑ̃¹¹ kuɑ̃³⁵³ tɕiɑ⁵⁵ zɛ¹¹³ n¹¹ ziən²⁴ lyõ¹¹³ 。

---

①　意思是:过了冬至,白天越来越长;过了夏至,白天越来越短。

②　红ᵓ蚣:蜈蚣。

大官小府无大堂，　　　　　　duɯ¹¹kuɑ̃³³sɯ³³fu⁵³n¹¹dɑ¹¹dõ²⁴³，

恩爱夫妻弗共床。　　　　　　ən⁵⁵a³³⁴fu⁵⁵tsʰ1̩³³⁴fə³³dʑyon²⁴ʑyõ¹¹³。

　　　——演戏　　　　　　　　　　　　　　　——iɑ̃²⁴s1̩⁰

生在青田县，　　　　　　　　sɛ̃⁵⁵dza²⁴tsʰiən³³diɑ̃³³ỹe²⁴，

搭在兰溪县。　　　　　　　　tɕʰyɑ⁵⁵dza⁵⁵lɑ̃¹¹tsʰ1̩¹¹ỹe²⁴。

受苦在龙游县，　　　　　　　ʑiɤ¹¹kʰu⁵³dza²⁴lən¹¹iɤ¹¹ỹe²⁴，

死在汤溪县。　　　　　　　　s1̩⁵⁵dza⁰tʰõ³³tsʰ1̩³³ỹe²⁴。

　　　——田螺　　　　　　　　　　　　　　　——diɑ̃²⁴lɯ¹¹³

一对姻缘一式长，　　　　　　iə³³ta⁵⁵iən⁵⁵ȵyan⁰iə³³sə⁵⁵dʑyõ¹¹³，

日诶陪师娘，　　　　　　　　ȵiə²⁴la¹¹³ba¹¹s1̩³³ȵyõ³³⁴，

夜诶吧守空房。　　　　　　　iɑ¹¹ua¹¹ua⁰ɕiɤ⁵³kʰon⁵⁵van⁰。

　　　——鞋　　　　　　　　　　　　　　　　——ɑ¹¹³

　　　（2016 年 8 月 11 日，浦江，发音人：楼桂元）

四、故　事

牛郎和织女

　　从前啊，有一个细后生哪，爷木=娘呢都已经死呀。家里呢只射=[渠一]个农，孤苦伶仃个。家里呢只有一头老牛，大家呢都讴渠牛郎。

　　dzən³³iɑ̃³³a⁰，iɤ²⁴iə³³kɑ⁵⁵ɕia³³ɤ³³sɛ̃⁵⁵nɑ⁰，ia¹¹³mɯ⁵⁵ȵyõ¹¹ni⁰tɯ⁵⁵i¹¹tɕiən³³s1̩⁵⁵ia⁰。tɕia³³li⁵⁵ni⁰tsɛ⁵⁵dʑiɑ²⁴ʑi²⁴kɑ⁰lən¹¹³，ku³³kʰu⁵³liən²⁴tiən³³kə⁰。tɕia³³li⁵⁵ni⁰tsɛ⁵⁵iɤ⁰iə³³dɤ²⁴lo¹¹ȵiɤ²⁴，da¹¹kɑ⁵³ni⁰tɯ⁵⁵ɤ⁵⁵ʑi²³²ȵiɤ²⁴ lan^{113}。

从前有个小伙子，父母都去世了。家里只有他一个人，孤苦伶仃。家里只有一头老牛，大家都叫他牛郎。

牛郎呢靠老牛呢耕地为生，与老牛呢相依为命。老牛其实就是天上个金牛星，渠欢喜牛郎个勤劳木＝忠诚哪，所以想帮渠成个家。

n̠iɤ^{24}lan^{11}ni^{0}kʰo^{55}lo^{11}n̠iɤ^{24}ne^{0}kɛ̃^{33}di^{334}uɛ^{33}sən^{334}，y^{24}lo^{11}n̠iɤ^{24}ni^{0}ɕyõ^{33}i^{33}uɛ^{24}miən^{24}。lo^{11}n̠iɤ^{24}dʒi^{33}zə^{334}ziɤ^{24}zi^{0}tʰiɑ̃^{55}zyõ^{24}kə^{0}tɕiən^{55}n̠iɤ^{33}siən^{334}，zi^{232}xuɑ̃^{33}ʃi^{53}n̠iɤ^{24}lan^{113}kə^{0}dziən^{24}la^{113}mɯ^{55}tɕyon^{55}dzən^{113}nɑ^0，sɯ^{55}i^{0}ɕyõ^{53}põ^{55}zi^{232}dzən^{11}kə^{0}tɕia^{534}。

牛郎靠老牛耕地为生，与老牛相依为命。老牛其实是天上的金牛星，他喜欢牛郎的勤劳、老实，所以想帮他成个家。

有一日，金牛星晓得，天公上个仙女要到村东边一个湖诶来洗浴，渠呢就托梦到墨＝个牛郎，要渠呢第两日五更头到湖边诶去，凑墨＝个仙女儿＝呐＝浴个日子，驮走一件仙女挂儿＝呐＝树上个一件衣裳，然后呢头也弗敢回就到家里去，就会得到一个美丽个仙女个做老马＝。

iɤ^{24}iə^{33}n̠iə^{334}，tɕiən^{33}n̠iɤ^{33}siən^{33}ɕi^{33}tə^0，tʰiɑ̃^{55}kon^{33}n̠yõ^{33}kə^{0}siɛ̃^{33}n̠y^{53}i^{55}to^{55}tsʰə̃^{534}tən^{55}piɛ̃^{334}iə^{33}kɑ^{55}u^{11}a^{0}la^{113}ʃi^{33}yɯ^{243}，zi^{24}ni^{0}ziɤ^{24}tʰo^{55}mon^{334}to^{55}mə^{11}kɑ^{33}n̠iɤ^{24}lan^{113}，i^{55}zi^{55}ni^{55}di^{11}lyõ^{55}n̠iə^{0}n^{11}kɛ̃^{55}dɤ^{0}to^{55}u^{11}piɛ̃^{33}na^{55}tɕʰi^{55}，tsʰɤ^{55}mə^{11}kə^{33}siɛ̃^{33}n̠y^{55}n^{33}nɤ^{33}yɯ^{24}kə^{0}n̠iə^{11}tsɿ^{53}，dɯ^{11}tsɤ^{53}iə^{33}dʑiɛ^{24}siɛ̃^{33}n̠y^{53}kua^{55}n^{55}nɤ^{55}zy^{11}zyõ^{24}kə^{0}i^{33}dʑiɛ̃^{24}i^{55}zyõ^{334}，lan^{11}ɤ^{24}ni^{0}dɤ^{11}a^{11}fə^{33}kə̃^{53}ua^{113}ziɤ^{24}to^{55}tɕia^{33}li^{53}tɕʰi^0，ziɤ^{24}ua^{0}tə^{33}to^{55}iə^{33}kɑ^{55}mɛ^{24}li^{55}kə^{0}siɛ̃^{33}n̠y^{24}kə^{0}tsɯ^{55}lo^{11}mia^{243}。

有一天，金牛星听说，天上的仙女要到村东边的湖里洗澡，他就托梦给牛郎,让他第二天早上到湖边去,趁七仙女洗澡时,拿走一件仙女挂在树上的衣服,然后头也不回地跑回家,就会得到一个美丽的妻子。

今日五更呢,他①今日五更呢,牛郎半信半疑就到山中呀,是呐ᵓ……蒙蒙雾之中呢,真当望见七个美女是呐ᵓ树诶呐ᵓ浴,呐ᵓ嬉,呐ᵓ搞水。渠立即就驮起树诶个一件粉红个衣裳,飞快个跳得家里诶,吉ᵓ个驮走衣裳个吉ᵓ个仙女呢就是织女。当日夜湖ᵓ呢,织女就轻轻个敲开了吉ᵓ个吉ᵓ个牛郎个家里,两个农呢就成了恩爱个夫妻。

tɕiən³³ ȵiə⁵⁵ n¹¹ kɛ̃⁵⁵ ni⁰ , tʰɑ³³ tɕiən³³ ȵiə⁵⁵ n¹¹ kɛ̃⁵⁵ ni⁰ , ȵiɤ²⁴ lan¹¹³ pə̃⁵⁵ siən⁵⁵ pə̃⁵⁵ ȵi¹¹³ ʑiɤ²⁴ to⁵⁵ sɑ̃³³ tɕyon³³ iɑ⁰ , ʑi²⁴ nɤ⁰……mon¹¹ mon¹¹ u²⁴ tsʅ³³ tɕyon³³ ni⁰ , tsən³³ tõ³³ mõ³³ tɕie⁵³ tsʰə³³ kɑ⁵⁵ mɛ¹¹ ȵy⁵³ ʑi¹¹ nɤ²⁴ ʑɤ²⁴ a⁰ nɤ¹¹ yuɯ²⁴³ , nɤ¹¹ ʃi⁵³⁴ , nɤ²⁴ ko³³ ɕy⁵³ 。 ʑi²³² liə¹¹ tsiə⁵⁵ ʑiɤ²⁴ duɯ¹¹ tʃʰi⁵⁵ ʑy¹¹ a⁰ kə⁰ iə³³ dʑie̯²⁴ fən⁵⁵ on⁵⁵ kə⁰ i⁵⁵ ʑyõ⁰ , fi⁵⁵ kʰuɑ³³ kə⁰ tʰɯ⁵⁵ tə⁰ tɕiɑ³³ li⁵⁵ iɑ⁰ , tɕiə³³ kɑ⁵⁵ duɯ¹¹ tsɤ⁵³ i⁵⁵ ʑyõ⁰ kə⁰ tɕiə³³ kɑ⁵⁵ sie̯³³ ȵy⁵³ ni⁰ ʑiɤ¹¹ ʑi²⁴ tɕiə³³ ȵy⁵³ 。 tõ³³ ȵiə⁵⁵ iɑ¹¹ u¹¹ ni⁰ , tɕiə³³ ȵy⁵³ ʑiɤ²⁴ tɕʰiən⁵⁵ tɕʰiən³³ kə⁰ kʰo⁵³ kʰa³³ lə⁰ tɕiə³³ kə³³ tɕiə³³ kə³³ ȵiɤ²⁴ lan¹¹ kə⁰ tɕiɑ³³ li⁰ , lyõ¹¹ kə⁰ lən¹¹ ni⁰ ʑiɤ²⁴ dzən¹¹ lə⁰ ən⁵⁵ a³³ kə⁰ fu⁵⁵ tʃʰi³³⁴ 。

今天早上,牛郎半信半疑地来到山中,在朦胧之中,果真看见七个美女在那里洗澡,在戏水。他立刻拿起树上的一件粉红的衣服,飞快地跑回家,这个被拿走衣服的仙女就是织女。当天夜里,织女就轻轻地敲开了牛郎的家,两个人就成了恩爱夫妻。

一转眼呢三年过[去啊],牛郎木ᵓ织女呢生啦一个儿、一个囝儿,两个细佬儿,一家农呢过得危险开心。但是呢,吉ᵓ宽ᵓ事干呢,

———————————

① "他"字误用普通话说法。

织女呢私自下凡到人、人间诶吉＝宽＝事干呢得玉皇大帝晓得呀。

iə³³tɕyẽ³³ŋɑ̃⁵³ni⁰sɑ⁵⁵ɳiɑ̃³³⁴kɯ⁵⁵iɑ⁰,ɳiɣ²⁴lan¹¹³mɯ⁵⁵tɕiə³³ɳy⁵³ni⁰sɛ̃⁵⁵
lɑ³³iə³³kɑ⁵⁵n¹¹³、iə³³kɑ⁵⁵nɑ̃n²⁴³,lyõ²⁴kɑ⁰ɕia³³loŋ⁵⁵,iə³³tɕia³³lən³³ni⁰kɯ⁵⁵
tə⁵⁵uɛ¹¹ɕiɛ̃⁵³kʰɑ³³siən³³⁴。dan²⁴zɿ⁰ni⁰,tɕiə³³kʰuɑ̃⁵⁵zɿ²⁴gə̃¹¹ni⁰,tɕiə³³ɳy⁵³
ni⁰sɿ⁵⁵zɿ²⁴ɕia³³van²⁴to⁵⁵ziən²⁴、ziən²⁴tɕian³³na⁰tɕiə³³kʰua⁵⁵zɿ²⁴gə̃¹¹ni⁰tə⁵⁵
ɳyɯ¹¹uɑ̃¹¹dɑ²⁴ti⁰ɕi³³tə⁵⁵iɑ⁰。

一转眼三年过去了，牛郎和织女生了一个儿子、一个女儿，一家
人过得很愉快。但是这件事呢，织女私自下凡这件事被玉皇大帝知
道了。

有一日呢，天上，天雷、化＝闪，并且还吹起了大风，落起啦大雨，
织女也突然无寻诶，两个细佬儿呢哭着要姆妈，牛郎呢也急得……
相＝信、相＝信为好。吉＝个时候呢，吉＝个老牛啊突然开口啊："尔
劚难过，尔［把我］个角驮下诶，变做两个菜篮，装上两个细佬儿，就
可以到天公上去寻织女啊。"牛郎正呐＝奇怪，个牛角啊就跌到地下
来，真当变做两个菜篮。牛郎呢把两个细佬儿呢就摆得吉＝个篮诶，
用扁担呢撊［起来］，只觉得一阵清风哪吹过诶，两个菜篮就慌＝得有
翼膀儿生啦，"杜＝"得记突然就飞［起来］哇，腾云驾雾，向天公上
飞去。

iɣ²⁴iə³³ɳiə³³ni⁰,tʰiɑ̃⁵⁵zyõ³³⁴,tʰiɑ̃⁵⁵lɑ³³⁴、xuɑ⁵⁵sɛ̃⁵⁵,biən¹¹tɕʰia⁵⁵uɑ̃¹¹
tɕʰy⁵⁵tʃʰi³³lə⁰dɯ¹¹fon⁵³,lo²⁴tʃʰi³³lɑ⁰dɯ¹¹y²⁴³,tɕiə³³ɳy⁵³ia²⁴də²⁴ziən¹¹³m³³
zən³³ɳia⁰,lyõ²⁴kə⁰ɕia³³loŋ³³ni⁰kʰɯ³³tsə⁰i³³m⁵⁵mɑ⁰,ɳiɣ²⁴lan¹¹ni⁰ia²⁴tɕiə³³
tə⁵⁵……ɕyõ⁵⁵sən⁵⁵、ɕyõ⁵⁵sən⁵⁵uɛ²⁴xo⁵³。tɕiə³³kə⁵⁵zɿ²⁴ɣ¹¹ni⁰,tɕiə³³kɑ⁵⁵
lo¹¹ɳiɣ²⁴ɑ⁰də²⁴ziən¹¹³kʰɑ³³kʰɣ⁵³ɑ⁰："n⁵³fɛ⁵⁵nɑ¹¹kɯ⁵⁵,n⁵³pɑ⁵³kə⁵³ko⁴²³dɯ¹¹
ziɑ¹¹ɑ⁰,piẽ⁵⁵tsɯ³³lyõ²⁴kɑ⁰tsʰɑ³³lɑ̃³³⁴,tsõ⁵³zyõ¹lyõ²⁴kɑ⁰ɕia³³loŋ³³⁴,ʑiɣ²⁴
kʰɯ⁵⁵i³³to³³tʰiɑ̃⁵⁵kon⁰ɳyõ⁵³tɕʰi⁰zən¹¹tɕiə³³ɳy²⁴ɑ⁰。"ɳiɣ²⁴lan¹¹³tsən⁵⁵nɣ

dʑi²⁴ kuɑ³³⁴ , kə⁵⁵ ȵiɤ¹¹ ko⁵⁵ ɑ⁰ ʑiɤ²⁴ tia³³ to⁵⁵ di¹¹ ʑiɑ¹¹ la⁰ , tsən³³ tõ³³ piẽ³³ tsɯ⁵⁵
lyõ²⁴ kɑ⁰ tsʰa³³ lɑ̃³³⁴ 。 ȵiɤ²⁴ lan¹¹ ni⁰ pɑ⁵⁵ lyõ²⁴ kɑ⁰ ɕia³³ lon³³ ni⁰ ʑiɤ²⁴ pɑ⁵³ tə⁰
tɕiə³³ kɑ³³ lɑ̃²⁴ na⁰ , yon²⁴ piẽ³³ tɑ̃⁵⁵ ni⁰ gu²⁴ tʃʰia³³⁴ , tsɛ⁵⁵ tɕyo³³ tə⁵⁵ iə³³ tsən⁵⁵
tsʰiən⁵⁵ fon³³ na⁰ tɕʰy⁵⁵ kɯ³³ ɑ⁰ , lyõ²⁴ kɑ⁰ tsʰa³³ lɑ̃³³⁴ ʑiɤ²⁴ xo⁵⁵ tə⁵⁵ iɤ²⁴ yə¹¹
põn³³ sɛ̃⁵⁵ la⁰ , "du²⁴" tə⁰ tʃi⁰ də²⁴ ziən¹¹³ ʑiɤ²⁴ fi⁵⁵ tʃʰia³³ ua⁰ , dən¹¹ yən³³ tɕia³³
vu²⁴ , ɕyõ³³ tʰiɑ̃⁵⁵ kon³³ ȵyõ³³ fi⁵⁵ i⁰ 。

　　有一天，天上电闪雷鸣，并刮起了大风，下起了大雨，织女也突然不见了，两个孩子哭着要妈妈，牛郎急得不知如何是好。这时候老牛突然开口了："你不要难过，你把我的角取下来，变成两个菜篮，装上两个孩子，就可以到天上找织女了。"牛郎正在奇怪，牛角就掉到地上了，真的变成了两个菜篮。牛郎就把两个孩子放进篮子里，用扁担挑起来，只觉得一阵清风吹过，两个篮子就像长了翅膀似的，突然就飞起来了，腾云驾雾，向天上飞去。

　　哦，飞啊飞啊飞……车²要追着吉²个织女啊，吉²个最后得别个，王母娘娘发觉。渠就拔下头，拔下头个上面个一根金钗，在牛郎木²织女正中呢，"嘎"一记拉去，立刻就出现一条波涛滚滚个墨²个天河个，阔得是望都望弗到边个啦，把渠得两个呢隔开来啦。

o²⁴ , fi⁵³ ɑ⁰ fi⁵³ ɑ⁰ fi⁵³⁴ ……tɕʰya³³ i⁵⁵ tsuɛ⁵⁵ yo⁰ tɕiə³³ kə³³⁴ tɕiə³³ ȵy⁵³ ɑ⁰ ,
tɕiə³³ kə³³⁴ tsuɛ⁵⁵ ɤ⁰ tə⁵⁵ biə¹¹ kɑ⁵⁵ , uɑ̃¹¹ m̩³³ ȵyõ³³ ȵyõ⁵⁵ fa⁵⁵ tɕyo³³⁴ 。 ʑi²⁴ ʑiɤ²⁴
bia²⁴ ʑiɑ⁰ dɤ¹¹³ , bia²⁴ ʑiɑ²⁴ dɤ¹¹ kə⁰ ʐyõ²⁴ m̩ɛ̃⁰ kə⁰ iə³³ kən³³ tɕiən⁵⁵ tsʰa³³⁴ , dze¹¹
ȵiɤ²⁴ lan¹¹³ mu⁵⁵ tɕiə³³ ȵy⁵³ tsiən⁵⁵ tɕyon³³ ni⁰ , "gɛ²⁴" iə³³ tʃi³³ lɑ⁵⁵ i⁰ , liə¹¹ kʰə⁰
ʑiɤ²⁴ tɕʰyə⁵⁵ ʑian⁰ iə³³ dia³³⁴ pɯ⁵⁵ tʰɑ³³⁴ kuən⁵⁵ kuən³³ kə⁰ mə¹¹ kə⁰ tʰiɑ̃⁵⁵ ɯ³³
kə⁰ , kʰuɑ³³ tə⁰ ʑi²⁴³ mõ¹¹ tɯ⁵⁵ mõ¹¹ fə⁰ to⁵⁵ piẽ⁵³ kə⁰ la⁰ , pɑ⁵⁵ ʑi²⁴ tɛ⁰ lyõ²⁴ kɑ⁰
ni⁰ kɑ⁵⁵ kʰɑ⁰ la⁰ lɑ⁰ 。

　　飞啊飞啊……差一点儿就追上了，最后被王母娘娘发觉了。她就拔下头上的一根金钗,在牛郎和织女中间一划,立刻就出现了一条波涛滚滚的天河,宽得一眼望不到边,把他们两个隔开了。

喜鹊呢危险同情牛郎末＝织女,每年个农历七月初七,成千上万只喜鹊呢都飞到天公上,渠嘚呢一只啮＝着另外一只个尾巴,搭起一座危险长危险长个一夫＝桥,让墨＝个牛郎木＝织女呢在上面呢,是头＝团、团圆。

ʃi³³tsʰyo⁵⁵ni⁰uɛ¹¹ɕiẽ⁵³dən²⁴dziən¹¹³n̠ɣ²⁴lan¹¹³mɯ⁵⁵tɕiə³³n̠y²⁴³,mɛ¹¹n̠iã²⁴kə⁰lon³³liə³³⁴tsʰə³³n̠yi²⁴tsʰu³³tsʰə²⁴³,dziən¹¹tsʰiã³³ʐyo²⁴vã⁰tsɛ⁰ʃi⁵³tsʰyo⁵⁵ni⁰tɯ³³fi⁵⁵to³³tʰiã⁵⁵kon³³n̠yõ³³⁴,ɕi⁵⁵tə⁰ni⁰iə³³tsɛ⁵⁵ŋɯ²⁴tsə³³liən¹¹ɑ²⁴iə³³tsɛ⁵⁵kə⁰m¹¹pia⁵³,tuã³³tʃʰi⁵⁵iə³³dzu²⁴uɛ¹¹ɕiẽ⁵³dzyõ¹¹³uɛ¹¹ɕiẽ⁵³dzyõ¹¹³iə³³fu⁵⁵dʑi¹¹³,yõ²⁴mə¹¹kə³³n̠ɣ²⁴lan¹¹³mɯ⁵⁵tɕiə³³n̠yni⁰dzɛ²⁴ʐyõ²⁴mɛ̃⁰ni⁰,ʑi¹¹dɣ¹¹duan²⁴、də̃²⁴yẽ¹¹³。

喜鹊非常同情牛郎和织女,每年的农历七月初七,成千上万只喜鹊都飞到天上,一只咬着另外一只的尾巴,搭起一座长长的桥,让牛郎和织女在上面团圆。

（2016 年 8 月 12 日,浦江,发音人:应平）

老四讲空话

吉＝个故事就是出在义乌。义乌有一个农呢讲空话危险会讲个,名头呢个老四,就是都老四老四讴出名个。

渠［儿＝呐＝］街路诶嬉个。有一日,有哥弟两个呢,一个,大个呢名头呢讴"大庭",细个名头呢讴"细庭"。哥弟两个也到街路诶去嬉啊。扣＝末＝儿撞着吉＝个老四。袋＝么都晓得渠会讲空话个,讲:"老四哥。""咦,大庭、细庭尔嘚袋＝难得啊?"大庭、细庭哥弟两家头讲:"老四哥,尔空话讲句我听听。"墨⁼个老四哥讲:"无工夫。""诶呀,一句也好、两句也好个。呆记去食馄饨,馄饨呢我嘚会糙⁼个。"渠讲:"无工夫,真当无工夫。"渠讲:"墨⁼个义乌有一个白塔塘个,墨⁼个白塔塘水都流燥啊。"渠讲:"鲫鱼、乌资⁼啊也好搿两个食食个。"哥弟两个听着墨⁼个塘燥呢,渠嘚拼命跳到家里去,去搿篮,去搿鱼啊。

到塘呢,个白塔塘呢,满塘满水。"诶呀,吉⁼个老四哥真当空话了老四哥。[我尔]嘚袋⁼儿来噫,也弗好空手,归去老马⁼都要骂个袋⁼儿。炭⁼袋⁼记,吉⁼个老四哥呢。"吉⁼里哥弟两个自念个。"袋⁼么,袋⁼儿呢,[我尔]嘚衣裳裤脱下来,螺蛳啊、蚬壳儿啊摸两个也好个。袋⁼么老马⁼啊弗会骂。"袋⁼儿脱下摸螺蛳啊,渠嘚。

个老四哥呢荡田⁼荡田⁼意⁼到吉⁼个塘诶了。望着渠嘚两个是呐⁼摸螺蛳呢。衣裳木⁼渠嘚挟把⁼起,把⁼起"哚哚哚"逃渠嘚家里。家里么两个老马⁼是呐⁼家里个。讲:"咦,老四伯伯,尔袋⁼难得诶?"吉⁼个老四讲:"哦难得。"渠讲:"大庭、细庭呢?""大庭、细庭,"渠讲,"到白塔塘,水燥啊,去搿鱼食啊。搿两个去啊。"

"搿鱼食啊,闯祸啊!"

"闯咯⁼力⁼祸啊呢?"

"墨⁼个白塔塘是尔嘚个? 尔嘚有份啊? 别个弗肯,渠嘚两个要搿,袋⁼么,吵架,吵起来啊。"

"吵起来还好吗?"

"还好? 打十⁼命啊,打都打死啊!"

两个老马⁼都哭诶:"还好啊? 打死了!"

袋⁼么快些寻门板。再来谢老四伯伯。"幸亏得老四伯伯来讲先⁼儿!"哭去,门板扛去。去,去扛个尸首诶。

吉⁼个老四伯伯呢,到渠嘚屋个横边,渠就点起坞⁼起堆火。烟木⁼个天公黑个了。渠细路儿"噔噔噔"跳去。比渠嘚两个老马⁼先到大塘啊。

渠讲："大庭、细庭，勠要摸啊，胡⁼头□[gɛ̃¹¹³][起来]望望起儿，嚯嚯，家里都火着啊！"

胡⁼头□[gɛ̃¹¹³][起来]一记望。"哇嚯，真当是我嘚家里呢！"渠讲啊，"弗好啊，就通天了呢。"

两个农快些爬[起来]啊，长裤长衣裳都弗穿，短裤"噔噔噔"跳到家里诶。到半路呢，撞着诶，撞着两个老马⁼了。骂诶："哭咯⁼力⁼哭？该抢弗抢，抢块门板出来！"

"咦，"渠讲，"大庭、细庭呢，尔嘚无没死诶？"

"哪个讲死？啊，死？哪个讲啊？"

渠讲："老四伯伯来报信个了。"渠讲。

"嚯，吉⁼个老四！渠讲个。袋⁼个空话都要讲讲个？"渠讲，"弗肯木⁼渠歇，归去。到家里，衣裳去换下，去寻渠。去敲糙⁼得渠！"袋⁼子⁼哥弟两个到家里，衣裳一记换，袋⁼子⁼到城里意⁼到街路诶去啊。

吉⁼个老四哥呢，荡田⁼荡田⁼意⁼是呐⁼街路诶嬉啊。袋⁼子⁼哥弟撞渠啊。

"咦，大庭、细庭，尔嘚来诶。袋⁼[我尔]嘚好去食馄饨得了，馄饨钿尔嘚会糙⁼了。"

"还馄饨钿我嘚会糙⁼个？啊？尔袋⁼个空话都要讲讲啊？"

渠讲："啊？"

"唧呱唧呱"争起来了。

争起来了，街路诶呢，越争农越多啊。农都葡⁼[起来]了。个老四哥呢，讲得别个听啊。

"啊，是袋⁼两个撞着啊，讴我空话讲句得渠嘚听听。我讲无功夫,渠嘚讲'一句也好两句也好个。啊,再去食馄饨,馄饨钿我嘚会糙᷈个'。尔嘚望,馄饨钿要勦糙᷈啊?是我弗好,是渠嘚弗好啊?"

横边个农都讲:"是尔嘚赚个,大庭、细庭赚个。馄饨钿要糙᷈个。尔嘚要渠讲个,讲空话。"

袋᷈么,哥弟两个也无没办法诶,想想只好弗响诶。袋᷈么去食馄饨,馄饨钿也木᷈渠糙᷈诶,糙᷈得渠诶。

这个故事出在义乌。义乌有一个人很会说瞎话、开玩笑,名字叫老四,大家都喊他"老四"。

有一天,他在街上逛。有两个兄弟也在街上逛,大的叫大庭,小的叫小庭。刚好碰到这个老四。大家都知道他擅长开玩笑。兄弟俩叫他:"老四哥。""咦,大庭、小庭,你们这么难得啊?"大庭、小庭说:"老四哥,你说几句玩笑话给我们听听吧。"老四哥说:"没工夫。""哎呀,说一两句也好的。等一下去吃馄饨,我们会请客的。"他说:"没工夫,真没工夫。义乌有一个白塔塘,水都淌干了。你们快去抓一些鲫鱼、青鱼尝尝吧。"兄弟俩听了,就飞快地跑回家,拿上鱼篓去抓鱼了。

可是到了一看,那个白塔塘水满满的。"哎呀,这个老四哥真的又说瞎话了。咱们来都来了,也不好空手回去,否则老婆会骂的。"兄弟俩说,"这样,咱们脱了衣服,下去摸几个螺蛳和蚌,这样老婆就不会骂了。"于是他们脱下衣服,开始摸螺蛳了。

这个老四哥呢,又逛到这个池塘边来了。看见他们两个在摸螺蛳,就把他们的衣服抱走了,来到他们家里。大庭、小庭的老婆正在家里坐着。她们说:"老四伯,你这么难得啊?"老四说:"是挺难得。"老四问:"大庭、小庭呢?"她们说:"大庭、小庭到白塔塘去了,水干了,去抓两条鱼。"

老四说:"抓鱼吃啊,闯祸了!"

大庭、小庭的老婆问："闯什么祸呢？"

老四说："那个白塔塘是你们家的吗？你们有份吗？别人不让他们两个抓，就吵起来了。"

大庭、小庭的老婆问："情况还好吗？"

老四说："还好？出人命了，都被打死了！"

两个老婆这下都哭了："那还好什么啊？都被打死了！"

两个老婆一边哭一边去找门板，要去抬两人的尸首。两个老婆还来谢老四，说多亏老四伯来通报一声。然后，哭着把门板抬去了。

这个老四呢，就来到他们房子的旁边，点起一堆火。烟把半个天空都染黑了。然后，他又抄小路快跑，比他们两个老婆先赶到池塘边。

他说："大庭、小庭，不要摸了，抬头看看，家里都着火了！"

他们抬头一看："哎哟，真的是我们家唉！这还了得，都烧透了。"

兄弟俩赶快爬上岸，衣服都来不及穿，穿着短裤就往家跑。跑到半路，碰到两个老婆了。骂道："哭什么哭啊？该抢的不抢，只抢块门板出来！"

两个老婆问："咦，大庭、小庭，你们没有死啊？"

兄弟俩问："谁说我们死了？谁说的？"

两个老婆说："老四伯来报信的。"

兄弟俩说："天哪，这个老四。竟然连这样的玩笑都要开啊！不能就这样算了！回家去，换身衣服。找他算账去！打他一顿！"兄弟俩回到家，把衣服换上，然后又回到街上。

这个老四呢，还在街上逛。于是，被兄弟俩看见了。

老四说："咦，大庭、小庭，你们来了。那咱们正好去吃馄饨，馄饨钱你们出。"

"还让我们出馄饨钱啊？你连这样的玩笑都要开啊?!"

"啊？"双方就你一句我一句争起来了。

街上行人越来越多，全部围上来了。老四就把事情原委说给大伙儿听。他说："他们两个碰到我，要我说几句玩笑话给他们听。我说没工夫，他们说（让我说）一两句也好，还说请我吃馄饨。你们说，馄饨钱要不要出？是我不对，还是他们不对？"

大伙儿都说是大庭、小庭兄弟俩不对，该出馄饨钱："是你们自己让他说的！"

兄弟俩没办法，只好不作声，给他出了馄饨钱。

（2016 年 8 月 11 日，浦江，发音人：楼桂元）

五、婺　剧

徐策跑城

闲话少说，	ian¹³ ua³⁴ sao⁵⁵ ɕyəʔ⁵，
要与薛家保本啊，	iao⁵³ y⁵³⁴ ɕyəʔ³ tɕia⁵⁵ pao pəŋ a，①
老徐策为薛家上殿保本。	lao dʑy tsʰəʔ uei ɕyəʔ tɕia zaŋ dian pao pəŋ。
手提着，到皇殿。	sou di tso，tao uaŋ dian。
撩蟒袍，端玉带，	liao maŋ bao，tuan ȵye tai，
桩桩件件一本一本奏分明哪。	tsuaŋ tsuaŋ dʑian dʑian iəʔ pəŋ iəʔ pəŋ tsou fəŋ miŋ na。
曾记得老皇爷去征东，	tsʰəŋ tɕi təʔ lao uaŋ ie tɕʰy tsəŋ toŋ，
保驾臣尉迟敬德徐茂公。	pao tɕia dzəŋ uei tsʰ̩ tɕiŋ təʔ dʑy mao koŋ。

---

① 浦江地区演唱婺剧时所用的语音系统，与金华其他地区演唱时的口音比较一致，均接近金华市区文读系统。"保"字之前为念白，尚有字调；之后为唱腔，字调不再可辨。

万岁爷凤凰山被围困，	van tsuei ie foŋ uaŋ san pei uei kʰuəŋ,
白袍小将定乾坤。	bəʔ bao siao tsiaŋ diŋ dʑian kʰuəŋ。
可恨那张士贵老奸臣，	kʰo xəŋ na tsaŋ zʅ kuei lao tɕian dzəŋ,
白袍救驾他得功。	bəʔ bao tɕiou tɕia tʰa tɤ koŋ。
尉迟公访荐贤，	uei dzʅ koŋ faŋ tɕian ian,
有功之臣薛仁贵，	iou koŋ tsʅ dzəŋ ɕyəʔ zəŋ kui,
南征北战建奇功。	nan tsəŋ pəʔ tsan tɕian dʑi koŋ。
唐皇爷封功臣平辽王，	daŋ uaŋ ie foŋ dzəŋ biŋ liao uaŋ,
从此张薛两家结深仇。	dzoŋ tsʰʅ tsaŋ ɕye liaŋ tɕia tɕie səŋ dzou。
恨薛刚酒醉闯大祸，	əŋ ɕye kaŋ tsiou tsuei tsʰuaŋ da o,
连累全家绑午门。	lian luei tsʰuan tɕia paŋ u məŋ。
我道是薛家绝了后，	ŋo dao sʅ ɕyəʔ tɕia tɕyəʔ liao xou,
却还有薛刚薛蛟薛葵后代。	tɕʰiəʔ xuan iou ɕye kaŋ ɕye tɕiao ɕye
	kʰuei ou dai。
不怕你张家树根深，	pəʔ pʰa ni tsaŋ tɕia zy kəŋ səŋ,
薛家出了报仇人。	ɕye tɕia tsʰuəʔ liao pao tsʰou zəŋ。
倘若女皇准了老臣本，	tʰaŋ zuo ȵy uaŋ tɕyəŋ liao lao dzəŋ pəŋ,
要把张家斩、斩、斩、	iao pa tsaŋ tɕia tsaŋ tsaŋ tsaŋ
斩尽杀绝！	tsaŋ tsiŋ sa dʑye！
倘若女皇不准老臣本，	tʰaŋ zuo ȵy uaŋ pu tɕyəŋ lao tsʰəŋ pəŋ,
兴动人马，打皇城乱纷纷。	ɕiŋ doŋ zəŋ ma，ta uaŋ dzəŋ luan fəŋ fəŋ。
我迈开大步往前走啊，	ŋo mai kʰai da bu uaŋ dzian tsou a,
哎，昏昏沉沉跌坏了年迈人。	ai，xuəŋ xuəŋ dzəŋ dzəŋ tiəʔ xuai liao
	nian mai zəŋ。

（2016 年 8 月 15 日，浦江，发音人：方鼎晟）

参考文献

[1] 曹志耘,秋谷裕幸主编.吴语婺州方言研究[M].北京:商务印书馆,2016.

[2] 教育部语言文字信息管理司,中国语言资源保护研究中心.中国语言资源调查手册·汉语方言[M].北京:商务印书馆,2015.

[3] 浦江县县志编纂委员会.浦江县志[M].杭州:浙江人民出版社,1990.

[4] 秋谷裕幸,曹志耘,黄晓东,等.浙南七县市吴方言音系(讨论稿)(日本学术振兴会平成14—16年度基盘研究(B)"吴语婺州方言群·瓯江方言群の调查研究"研究成果报告书),2005.

后　记

本书为中国语言资源保护工程"浙江汉语方言调查·浦江"（YB1601A006）课题的成果之一。

浦江为浙江省第二批语保调查点之一。2016年4月28日，课题组赴浙江天台县，参加由省教育厅组织的"浙江省第二批语言资源保护工作启动会"，与浦江县教育局有关人员完成对接工作。浦江县教育局随后按照课题组要求，向全社会征召浦江方言发音人。6月11—12日，在浦江县教育局的大力协助下，对报名的20余位发音合作人进行了遴选，最终确定了6位。7月开始纸笔调查，8月中旬开始摄录，8月下旬完成了所有条目的摄录和补录工作。之后按要求对所有材料进行了后期整理。11月底接受了预验收，12月底接受了正式验收。成果形式和内容为"需交文件电子版1套"和"包含纸笔记录的调查手册1本"。经验收，全部成果符合中国语言资源保护工程的工作和技术规范。

其实在此课题立项之前，我已对浦江方言进行了比较详细的调查。2004年12月，我参加了导师曹志耘教授和秋谷裕幸先生主持的"《吴语婺州方言研究》研究计划"，与中国社科院语言研究所刘祥柏老师一起负责浦江点的调查工作。之后十余年，我们多次赴浦江进行补充调查和核对工作。2016年，《吴语婺州方言研究》在历经曲折之后终于付梓,其中包含我们对浦江方言的调查成果。

因为有此渊源,当浙江省第二批语保调查项目启动之后,我毫不犹豫地选择了浦江点。心想婺州方言是我的母语,之前又已赴浦江调查多次,做这个点应该是驾轻就熟了。但是,浦江方言的调查难度还是出乎我的意料。尤其在进行语料转写时,经常听得我一头雾水。最后不得不再次奔赴浦江,当着发音人的面逐句核对、转写。就我个人的语感而言,浦江话可称得上是吴语金衢片中最难懂的方言之一了。证据之一就是连发音人都常常听不懂自己的录音!

幸运的是,我们得到了浦江县教育局、各位发音人以及课题组成员的大力支持,调查工作最终得以顺利完成。

首先要感谢浦江县教育局的傅江英老师。傅老师自始至终关心、配合我们的工作。征召发音人,组织面试会,联系摄录场地,安排住宿,甚至亲自买了水果来慰问我们!不仅如此,傅老师的工作还非常富有创意。除了通过教育局网站、公众号等媒体发布招募通知以外,她还建议下辖的中小学,把发音人招募与学生进社区活动相结合,让学生亲自去寻找发音人,并体验方言文化。这样既有利于找到发音人,又锻炼了学生,更重要的是,让语保的理念得到了更广泛的传播。在后来的语保工程调查培训中,我都不忘向全国的专家推荐傅老师的这一宝贵经验。因此,如果要评选语保工程先进工作者的话,我一定会力荐傅江英老师!

其次,感谢各位发音人的热情支持和积极配合!语保工程的一个显著特点是要求高,尤其是摄录方面,近乎苛刻。时值盛夏,烈日炎炎,如果没有大家的理解和耐心,这项工作是不可能完成的。谨以本书的出版,表达我对各位发音人的感谢和敬意!

再次,感谢课题组成员的辛苦和努力!杭州师范大学张薇副教授、浙江财经大学肖潇同学和浙江师范大学吴露露同学组成了"语保铁三角",扛行李,冒酷暑,每年都要为语保鏖战数月,是最可信赖的团队!特别是张薇老师,本来要在家里带孩子,但为了支持我们的工作,干脆把女儿初初也带到了浦江,跟我们一同调查、摄录。而初初也很懂事,会帮忙擦桌子,布置场地,甚至还会奶声奶气地提醒发音人:"爷爷,您身子歪了!……爷爷,请看镜头!"初初的到来,也使我们的工作得到了更多的理解和支持。发音人应平大叔就不禁感慨:"你们的工作太不容易了!来吧,我一定尽力支持!"张薇老师把初初这次的经历写成《小小语保人》,发表在语保中心主办的《语保》杂志上,引起了广泛的关注和共鸣。

最后,感谢严彩云、牟思洁、许怡等同学协助摄录和整理校对!感谢妹夫朱江有和妹妹黄晓芳提供浦江郑宅牌坊的照片!感谢浙江省教育厅对本丛书的大力支持!感谢浙江大学出版社编辑辛勤细致的工作!

黄晓东

2018 年 11 月 1 日于北京

图书在版编目(CIP)数据

浙江方言资源典藏. 浦江 / 黄晓东著. —杭州：
浙江大学出版社，2019.1
  ISBN 978-7-308-18917-0

  Ⅰ. ①浙… Ⅱ. ①黄… Ⅲ. ①吴语－浦江县
Ⅳ. ①H173

  中国版本图书馆 CIP 数据核字(2019)第 011282 号

浙江方言资源典藏·浦江

黄晓东 著

策　　划	张　琛　包灵灵	
丛书主持	包灵灵	
责任编辑	包灵灵	
文字编辑	胡建素	
责任校对	吴水燕	
封面设计	周　灵	
出版发行	浙江大学出版社	
	（杭州市天目山路 148 号　邮政编码 310007）	
	（网址：http://www.zjupress.com）	
排　　版	杭州朝曦图文设计有限公司	
印　　刷	浙江省邮电印刷股份有限公司	
开　　本	710mm×1000mm　1/16	
印　　张	11.25	
插　　页	4	
字　　数	145 千	
版 印 次	2019 年 1 月第 1 版　2019 年 1 月第 1 次印刷	
书　　号	ISBN 978-7-308-18917-0	
定　　价	48.00 元	

版权所有　翻印必究　印装差错　负责调换

浙江大学出版社市场运营中心联系方式：0571-88925591；http://zjdxcbs.tmall.com